Guilherme Batista e um Exército

DESPERTANDO UM EXÉRCITO DE ORAÇÃO

quatro ventos

Editora Quatro Ventos
Rua Liberato Carvalho Leite, 86
(11) 3230-2378
(11) 3746-9700

Diretor executivo: Renan Menezes
Editora-chefe: Sarah Lucchini
Equipe Editorial:
Mara Eduarda Garro
Lucas Benedito
Ana Paula Cardim
Gabriela Vicente
Paula de Luna
Hudson Brasileiro
Revisão: Eliane Viza B. Barreto
Diagramação: Vivian de Luna
Capa: Vinícius Lira

Todos os direitos deste livro são reservados pela Editora Quatro Ventos.

Proibida a reprodução por quaisquer meios, salvo em breves citações, com indicação da fonte.

Todas as citações bíblicas e de terceiros foram adaptadas segundo o Acordo Ortográfico da Língua Portuguesa, assinado em 1990, em vigor desde janeiro de 2009.

Todo o conteúdo aqui publicado é de inteira responsabilidade do autor.

Todas as citações bíblicas foram extraídas da Nova Versão Internacional, salvo indicação em contrário.

Citações extraídas do site *https://www.bibliaonline.com.br/nvi*. Acesso em julho de 2020.

1ª Edição: Agosto 2020

Ficha catalográfica elaborada por Geyse Maria Almeida Costa de Carvalho – CRB 11/973

B333d Batista, Guilherme

Despertando um exército de oração / Guilherme Batista. São Paulo: Quatro ventos, 2020.
240 p.

ISBN: 978-65-86261-54-7

1. Deus - religião. 2. Vida espiritual. 3. Oração. I. Título.

CDD 241
CDU 241.611

SUMÁRIO

PARTE 1: Preparação

1 O que é oração? 21
2 Por que devo orar? 29
3 Como ouvir a voz de Deus? 37
4 Como devo orar? 45
5 O que dizer? 57
6 Quais são os resultados de uma vida de oração? 69
7 Como ter uma vida de oração que gera resultado? .. 79

PARTE 2: Despertamento

8 O que é avivamento? 93
9 O que a oração tem a ver com o avivamento? 105
10 Como minha oração impactará o avivamento? 115
11 Oração por arrependimento, unidade e derramamento do Espírito Santo 123

12 Oração por mais paixão pela presença de Jesus, almas, ousadia, unção e poder 133

13 Oração pela transformação da nossa nação 143

14 *Call to action*: onde eu me encaixo nisso? Depois de orar, o que fazer? 151

PARTE 3: CAMPO DE BATALHA

15 Como orar e agir por nossas famílias? 165

16 Como orar e agir por nossas igrejas? 175

17 Como orar e agir pela educação do Brasil? 185

18 Como orar e agir pela arte? 197

19 Como orar e agir pelos meios de comunicação? .. 207

20 Como orar e agir pelo governo? 217

21 Como orar e agir pela economia do nosso país? .. 229

DEDICATÓRIA

Dedico este livro aos meus avós, que mesmo sem me falar ao menos uma vez sobre oração, ensinaram-me essa prática ao irem todos os dias para cultos, consagrações e manhãs de oração. Isso me mostrou que orar é realmente algo especial!

Durante minha infância e adolescência, eu cheguei a pensar que orar fosse algo muito difícil. Mas bastava olhar para eles, que frequentavam todas aquelas reuniões com tanta alegria, que passei a ver quão incrível era.

Fora isso, inúmeras vezes os visitava e, ao passar pelo quarto deles, via-os ajoelhados, orando por tanto tempo que parecia uma eternidade para mim. Mas, para eles, aquilo era totalmente normal!

Honro meus avós com esta dedicatória, pois, se não fossem eles, eu jamais seria capaz de despertar esse exército de oração em nossa nação hoje. Sinto-me honrado por ter aprendido a desenvolver um relacionamento com Deus apenas com atitudes tão simples e rotineiras!

Amo vocês, Vô Toin, Vó Tina, Vó Dorcas e Vô Nelson (*in memoriam*)!

DEDICATORIA

AGRADECIMENTOS

Em primeiro lugar, agradeço a Jesus! Carrego uma enorme gratidão por um dia ter sido escolhido pelo Senhor para estar à frente de um exército tão poderoso nesta Terra!

Agradeço aos meus pais, que são minha maior referência de relacionamento com Deus.

Ao meu filho Filipe, que, com seus sete anos, já tem se tornado um guerreiro de oração ao meu lado; e à minha pequena Maria Luiza: todas as vezes em que falo "Vamos orar para dormir", ela quer me contar um monte de histórias, mas ama dizer: "Eu 'ólo plimeiro'".

À minha família inteira, que serve a Jesus plenamente, com grande paixão e dedicação!

Aos meus pastores, bispo Oides e bispa Neusa, que são verdadeiras referências em minha vida. Agradeço por cuidarem de mim e sempre trazerem palavras de ânimo!

Aos meus amigos, Deive Leonardo, pastora Ezenete, pastora Sarah Mendes, Elizeu Rodrigues, Gabriela Lopes, David Miranda Neto, Pablo Marçal, Luca Martini, Eduardo Nunes, Samuel Mariano, Brunno Fernandes, Rafael Bello, Igor Siracusa, Raique Carmelo, Angela Sirino, Junior Rostirola, Davi Lago, Thiago Lobos, Eduardo Batista, Marco Feliciano e Thalles Roberto, generais de guerra que contribuíram para a construção deste livro.

A toda minha equipe incrível da editora Quatro Ventos, que viveram intensamente a construção deste livro. Duda e Renan, vocês são demais!

Por último, agradeço ao Exército de Oração, que, incansavelmente, está de pé todas as madrugadas orando e clamando comigo às três horas da manhã! Amo vocês!

PREFÁCIO

Foi Lewis[1] quem disse que: "Tudo o que não é eterno, é eternamente inútil". Sempre acreditei nessa verdade, mas, por alguma razão, percebo o quanto temos dificuldade, como cristãos, de mantermos isso em mente. Valorizamos, na maior parte do tempo, coisas que podemos ver, tocar ou usufruir de forma temporal, mas, seja por conta da correria, cansaço ou qualquer outro motivo, acabamos quase sempre arranjando boas desculpas para deixar para depois o que é eterno. Mas, se fomos feitos para a eternidade, por que investimos tanto tempo no que não tem a ver com ela? Por que valorizamos mais o que podemos perder do que aquilo que pode nos aproximar do que é celestial? E se a eternidade é conhecer a Deus [como João 17 diz], e ela começa aqui e agora, por que insistimos tanto em desprezar justamente Aquele que será a única razão de a eternidade ter graça?

Acho estranho quando me deparo com alguns cristãos que gastam tanto tempo falando de pregações, curas, ministrações e mover de Deus, mas nunca demonstram interesse por construir o relacionamento que será a base de sua eternidade. Eu me pergunto o motivo de alguns desejarem o Céu se nem mesmo são capazes de abrir suas Bíblias ou investir tempo em oração, conhecendo a Deus e se dando a conhecer por Ele.

---

[1] C. S. Lewis foi um professor universitário irlandês, escritor, teólogo e um dos maiores pensadores cristãos do século XX.

Aprendi a amar as Escrituras e a vida de oração quando era muito novo. Via o meu avô e os meus pais dando tanto valor a isso, que logo entendi o espaço que elas deveriam ocupar em minha vida. Nesse sentido, a oração, para mim, assim como a vida cristã, sempre teve muito a ver com entrega, constância e paixão, características que eu luto para manter em minha vida e, sinceramente, gostaria de poder encontrar com mais frequência nos cristãos. Se soubéssemos a transformação que um estilo de vida de oração pode gerar, jamais gastaríamos tanto tempo reclamando, preocupados ou sem esperança. A oração tem o poder de mudar as coisas ao nosso redor, mas, principalmente, o poder de nos transformar à semelhança de Cristo.

Fico muito feliz por ter tido a chance de participar de um livro que revela justamente essa verdade tão forte. Admiro muito o Guilherme e sua capacidade de sonhar, ser visionário e obedecer à voz de Deus. Isso é algo que enche o meu coração. Porém, vejo que, mais do que ter seus próprios sonhos, ele preferiu render tudo ao Senhor e viver os sonhos divinos. Faz anos que estamos juntos nessa caminhada, e confesso que não poderia estar mais contente por vê-lo se levantar em prol da oração juntamente com tantos outros guerreiros desse exército global.

Portanto, é um prazer recomendar estas páginas, que carregam estratégias e tantas verdades celestiais a respeito da oração, uma das bases da nossa trajetória cristã. Este livro ajudará você a entender conceitos básicos e ensinamentos profundos sobre uma vida de oração poderosa e eficaz. Nunca é tarde demais para começar.

DEIVE LEONARDO
Pastor, pregador, *youtuber* e autor *best-seller*
dos livros *O amor mais louco da História*
e *Coragem pra recomeçar.*

INTRODUÇÃO

Em 2019, eu participei de um evento épico em Orlando, nos Estados Unidos: uma reunião com sessenta mil pessoas. Ali, esses milhares de cristãos se dispuseram a anunciar o Evangelho por todo o mundo. Logo depois disso, tive um sonho bem diferente: eu me via em um estádio de futebol completamente lotado, e não entendia bem o porquê, já que não havia jogadores em campo. De repente, notei que não se tratava de uma partida de futebol, mas, sim, de um encontro do povo de Deus.

No sonho, ao olhar à minha volta, não me deparei com nenhum palco com bandas ou pastores ministrando, o que vi foram milhares de pessoas orando e clamando a Deus nas arquibancadas. Naquele momento, eu entendi que estava sonhando com um acontecimento extraordinário: todos naquele estádio se uniram apenas para orar.

Quando acordei, senti que Deus estava me chamando para um propósito de oração diferente. Por isso, assim que cheguei ao Brasil, procurei o meu pastor para compartilhar essa experiência e o que havia sentido em meu coração. Comentei que eu queria promover um encontro destinado exclusivamente à oração, e que gostaria de realizá-lo em um estádio de futebol. Ao ouvir isso, ele me lembrou de algo que, a princípio, preocupou-me muito: "Você tem certeza disso? Nem mesmo os nossos cultos de oração costumam ser cheios, será que conseguiríamos lotar um estádio?". Porém, em seguida, completou: "Mas se Deus falou com você, eu creio que isso, de fato, acontecerá, pois Ele pode todas as coisas! Então, vá em frente e faça sua parte, lute por isso".

Com aquelas palavras no coração, prontamente fui à procura de um estádio. E, por incrível que pareça, as portas se abriram para nós, de modo que conseguimos a liberação do local por um valor que era o equivalente a apenas 10% do que seria cobrado para qualquer outro tipo de evento. Então, depois de muito trabalho da nossa parte [mas, também, sempre contando com o favor de Deus e vendo Sua mão poderosa Se mover por nós], algo inédito aconteceu. No dia três de agosto de 2019, realizamos um evento com mais de 4.500 pessoas reunidas em um estádio, às seis horas da manhã, com um único propósito: ORAR.

Foi inacreditável: um dia marcante para todos que participaram conosco. Mas, depois disso, eu comecei a me perguntar diariamente: "Será que Deus queria somente um evento de oração ou algo a mais?". Logo que passei a fazer esse questionamento, curiosamente, deparei-me com um *post* na *internet* sobre como gerar hábitos saudáveis. Pelo que me lembro, aquela postagem trazia um estudo que constatava que, para transformar alguma atividade em rotina, era necessário praticá-la por 63 dias ininterruptos.

Quando eu li aquilo, pensei: "Então, se eu orar durante 63 dias seguidos, será que consigo fazer com que isso se torne uma prática diária em minha vida?". Por mais que eu tivesse o costume de orar, senti a necessidade de me aprofundar nesse hábito de modo mais consistente. Foi quando tive a ideia de criar uma série de *lives*[1] de oração no Instagram e convidar meus seguidores e amigos para orarem comigo, todos os dias, às três

---

[1] *Live*: termo em inglês para "ao vivo". Refere-se à transmissão de vídeo feita em tempo real através de mídias sociais.

horas da manhã. Assim, desenvolveríamos esse hábito juntos, incentivando-nos mutuamente.

Ao final desse propósito, aconteceu algo bem curioso. Eu havia me esquecido de tirar o alarme do meu celular, e acabei acordando às três da manhã. Então, decidi dobrar meus joelhos em meu quarto e orar. Depois disso, fui verificar o grupo de Telegram do qual faziam parte as pessoas que participaram dos 63 dias de *live*. Havia mais de quinhentas mensagens que diziam: "Vamos orar!", "Estamos aqui orando!", "Continuamos em oração", entre outras. Com isso, entendi que a oração já havia, de fato, tornado-se um hábito consistente em nossas vidas.

Além disso, pude notar também que passei a ser dependente dessa prática, pois aprendi, ao longo desse período, que independentemente do meu humor, o compromisso de orar, nos dias bons e nos maus, já fazia parte dos meus hábitos. Os 63 dias se encerraram, mas minha rotina de oração não – eu não poderia parar. Dia após dia, eu pensava: "Não quero perder o que consegui construir ao longo desse propósito".

Isso tudo aconteceu no final de 2019. Como estávamos próximos da virada do ano, fui levado a considerar: "Por que não levar esse desafio a um próximo nível e fazer 366 dias de oração? Se os 63 dias já foram incríveis, imagine um ano inteiro de compromisso real com Jesus! Poderei ajudar outras pessoas a conhecerem a alegria de falar com Deus pelas madrugadas!".

Assim, eu iniciei o projeto de 366 dias de oração. Com isso, além de ter minha vida transformada, recebi inúmeros testemunhos de amigos e diversos adolescentes que passaram a ter a oração como prática diária depois desse propósito. Inclusive, passar por isso me fez entender que, tanto nos dias em que estou superanimado quanto naqueles em que estou com muito sono – ou até chateado com alguma situação –, o compromisso com a oração deve permanecer inabalável, independentemente das circunstâncias. Hoje, não sofro nem sou vencido pela preguiça na hora de orar. Falar com Deus se tornou algo muito simples e especial para mim, porque em vez de focar no desafio de pausar todos os afazeres e distrações do meu dia, eu me concentro na recompensa, que é saber que o Pai está atento à minha voz.

Mais do que isso, compreendi que o hábito de orar é nossa maior necessidade enquanto filhos de Deus e representantes de Seu Reino celestial. Afinal, somente em oração desenvolvemos um relacionamento íntimo com o Senhor, e este é o propósito de nossas vidas: conhecer a Deus e fazê-lO conhecido, manifestando Sua vida e Seu coração por onde andarmos aqui na Terra. Assim, seremos capacitados e despertos como um exército pronto para uma guerra que não se vence com armas terrenas ou por nossa própria força, mas pelo Espírito de Deus que habita em nós, como a Palavra diz:

> Pois a nossa luta não é contra pessoas, mas contra os poderes e autoridades, contra os dominadores deste mundo de trevas, contra as forças espirituais do mal nas regiões celestiais. (Efésios 6.12)

Nesse sentido, não devemos esquecer que somos soldados de Deus, e que há um despertamento iminente para um tempo como este; um exército está se levantando ao redor do mundo. Esses soldados não seguram espadas, lanças ou armamentos de guerra, mas se posicionam em nome de Jesus, pelo poder do Espírito de Deus, clamando por paz, justiça e alegria para nossa nação e para todo o globo terrestre. Por isso, nas próximas páginas, você encontrará as estratégias espirituais de guerra, reveladas por guerreiros de oração que estão dispostos a multiplicar este exército.

Parte 1

PREPA-
RAÇÃO

Dia 1
O QUE É ORAÇÃO

Com a participação da pastora Ezenete Rodrigues

Se você cresceu em uma igreja, frequentando a escola bíblica dominical, é muito provável que já tenha escutado uma canção bem famosa que diz: "O telefone do Céu é a oração, o telefone do Céu é o joelho no chão". Por mais simples que seja essa música, ela nos traz uma imagem interessante sobre a oração. De fato, é através dela que nos comunicamos com Deus, que está no Céu. Aliás, talvez uma analogia mais atual seria dizer que "o WhatsApp do Céu" é a oração, já que essa é uma das ferramentas de comunicação mais usadas hoje por pessoas de todas as idades. E do mesmo jeito que ficamos praticamente o tempo todo conversando por esse aplicativo, a oração deve ser constantemente praticada por todos aqueles que desejam falar com o Senhor e conhecê-lO.

Para isso, precisamos entender que o canal de comunicação com Deus está sempre aberto e disponível para nós.

> O "WhatsApp do Céu" é a oração.

Diferentemente do que acontecia antes da vinda de Cristo – quando somente o sumo sacerdote poderia entrar na presença de Deus e se comunicar com Ele –, hoje temos livre acesso ao Pai, através do sacrifício de Jesus na cruz, como está escrito em João 6.44: "Ninguém pode vir a mim, se o Pai, que me enviou, não o atrair [...]". Agora, não há nada que nos impeça de nos aproximarmos d'Ele, nem mesmo o nosso pecado, como está escrito em 2 Coríntios 5.19:

> [...] Deus em Cristo estava reconciliando consigo o mundo, não lançando em conta os pecados dos homens, e nos confiou a mensagem da reconciliação.

À vista disso, cabe a nós simplesmente desfrutarmos dessa conexão, que é possível através de nossas orações.

> **Ao procurarmos conversar com Ele, podemos confiar que O acharemos, pois Deus realmente nos ouve.**

Ainda assim, talvez você se pergunte: "Será que é tão simples? Eu posso simplesmente conversar com Deus como falo com um amigo? Mas como faço para conhecê-lO?". Esses questionamentos são comuns para quem está iniciando uma vida de intimidade com o Senhor. E podemos respondê-los assim: pense em alguns amigos que você tem em sua vida e tente se lembrar como se conheceram. É provável que vocês tenham se encontrado pela primeira vez por conta de outros amigos em comum, na escola, no trabalho ou até na igreja. Mas, por terem mais afinidade, acabaram conversando com mais frequência e, dessa maneira, foram se tornando cada vez mais próximos e construindo uma amizade mais sólida.

Bom, é mais ou menos isso o que acontece quando começamos a desenvolver um relacionamento mais profundo com Deus. Pode ser que, de primeira, só oremos – isto é, falemos com Ele – junto com outras pessoas, de modo coletivo. Às vezes, na igreja ou em outros lugares, contamos com a ajuda daqueles que são mais experientes nessa prática. Entretanto, chega um momento em que nosso coração está tão conectado com o de Deus, que não queremos mais esperar pelo próximo culto ou encontro de oração para conversarmos com nosso Amigo novamente; e é dessa forma que passamos a buscá-lO em secreto.

À medida que nos aprofundarmos nesse relacionamento, teremos cada vez mais prazer em nos encontrarmos com o Senhor, como diz a Palavra: "Tu me farás conhecer a vereda da vida, a alegria plena da tua presença, eterno prazer à tua direita" (Salmos 16.11). E ao procurarmos conversar com Ele, podemos confiar que O acharemos, pois Deus realmente nos ouve. A verdade é que se trata de uma relação bastante simples, já que Ele é aquele amigo que está sempre disposto a conversar. Por isso, todas as vezes em que O buscarmos, nós O encontraremos, pois está escrito:

> Então vocês clamarão a mim, virão orar a mim, e eu os ouvirei. **Vocês me procurarão e me acharão quando me procurarem de todo o coração**. (Jeremias 29.12-13 – grifo do autor)

Em outras palavras, ao permanecermos nessa busca por Ele, ganhamos um melhor amigo. Na verdade, O melhor amigo possível de todo o mundo. Para quem vive essa relação de modo verdadeiro, a oração se torna um lugar seguro, onde encontramos Aquele que

> **Além de nos ouvir, o Senhor sempre tem algo especial para nos dizer.**

desejamos: o nosso Amado. E ali, também, escutaremos d'Ele as verdades que precisamos para orientar as nossas vidas. Ou seja, além de nos ouvir, o Senhor sempre tem algo especial para nos dizer, seja através de visões, sensações em nosso espírito ou de tantas outras manifestações incríveis. Mas especialmente por meio da leitura da Bíblia, que é Sua Palavra revelada a nós.

Nesse contexto, quando Deus Se manifesta, Ele revela Sua natureza de amor, bondade, justiça, alegria e paz. Por isso, é impossível sair de um momento em Sua presença da mesma maneira que entramos, seja qual for nosso ponto fraco, junto ao Pai, encontramos forças para sermos transformados e, mais do que isso, trazermos transformação para esta Terra.

Isso, porque é durante o tempo que passamos com Deus que entramos em contato com a realidade dos Céus. E não podemos negar que ela é infinitamente melhor que a terrena. Até porque, lá, não existe doenças, não há maldade, angústia, roubo, morte ou qualquer coisa ruim. Sim, isso tudo está disponível a nós, mesmo enquanto ainda estamos aqui na Terra, e a chave para acessar essa realidade é justamente a oração:

> **É durante o tempo que passamos com Deus que entramos em contato com a realidade dos Céus.**

> Com toda a certeza vos asseguro que tudo o que ligardes na terra terá sido ligado no céu, e tudo o que desligardes na terra terá sido desligado no céu. (Mateus 18.18 – KJA)

No entanto, mesmo tudo isso sendo verdade, continuamos nos questionando sobre a necessidade de orar, uma vez que Deus já sabe o que é melhor para nós. Mas esta é uma questão bem simples: em vez de aparecer onde não é chamado, o Senhor aguarda um convite, uma permissão terrena para uma invasão celestial. Afinal, Ele respeita a nossa escolha por desejarmos Sua intervenção ou não; por pedirmos para que a realidade dos Céus chegue à Terra, ou deixarmos que as coisas permaneçam como estão. E é exatamente ao orarmos que rendemos nossas vidas ao Senhor, depositando-as em Suas mãos, e contamos com Sua ajuda. A respeito disso, a pastora Ezenete Rodrigues escreveu:

> A oração é a chave da vitória. Ela é capaz de mover Céus e Terra, e é através dela que desenvolvemos conexão com Deus. Afinal, o Senhor escolhe ouvir de nós quais são nossas necessidades e espera que clamemos por Sua intervenção. Dessa maneira, é orando que damos liberdade para que Ele atue em nosso meio.[1]

Sendo assim, dificilmente, um cristão que tem um relacionamento firme com Deus irá se conformar com a situação atual de um mundo que carece da intervenção divina, sem contar com sua arma mais poderosa: a oração. É nesse sentido que Bill Johnson afirma, em seu consagrado livro *Quando o Céu invade a Terra*[2]:

> Não é normal para o cristão não querer o que é impossível. Está gravado em nosso DNA espiritual desejar ardentemente que tudo que, ao nosso derredor, é considerado impossível, se dobre ao nome de Jesus.

Apesar de parecer uma coisa de outro mundo, criar uma realidade celestial aqui na Terra envolve um processo bastante simples. Em oração, nós nos rendemos a Deus e descobrimos quais são Seus planos para nós e para tudo e todos que estão ao nosso redor. Então, começamos a declarar essas verdades com

---

[1] KRIGNER, Henrique; RODRIGUES, Ezenete. **Faz minha Igreja orar**. São Paulo: Quatro Ventos, 2020.
[2] JOHNSON, Bill. **Quando o Céu invade a Terra**. São Paulo: Vida, 2010.

nossas palavras, assim damos liberdade para que o Senhor aja de acordo com Sua vontade em nosso meio. Do contrário, se usamos nossa boca para declarar o que não está em concordância com os pensamentos divinos, baseando-nos em nossa incredulidade, damos legalidade para que o reino das trevas tenha poder em nossas vidas. E a própria Palavra nos alerta acerca disso em Provérbios 18.21:

> **A língua tem poder sobre a vida e sobre a morte**; os que gostam de usá-la comerão do seu fruto. (grifo do autor)

Portanto, nossas palavras devem sempre estar alinhadas com o coração do Senhor, que nos dá uma nova vida no espírito, como está escrito em João 6.63: "O Espírito dá vida; a carne não produz nada que se aproveite. As palavras que eu disse são espírito e vida". Desse modo, quando nos achegamos a Deus em oração, nossos pensamentos são transformados de acordo com os d'Ele e, aos poucos, nossa mentalidade carnal é trocada pela mente de Cristo. Consequentemente, é inevitável não passarmos a buscar Seu Reino e Sua justiça antes de nossos próprios interesses, como Cristo afirma em Mateus 6.33:

> Busquem, pois, em primeiro lugar o Reino de Deus e a sua justiça, e todas essas coisas serão acrescentadas a vocês.

Esta é a mentalidade daqueles que vivem um estilo de vida de oração, desenvolvendo um relacionamento real com Deus: o Reino celestial se torna prioridade, nosso maior anseio. E, assim, somos capazes de vencer nossas guerras: "[...] 'Não por força nem por violência, mas pelo meu Espírito', diz o Senhor dos Exércitos" (Zacarias 4.6).

ORE COMIGO

Senhor Deus, obrigado por enviar Teu Filho amado, Jesus, para morrer em nosso lugar e garantir a nossa reconciliação Contigo. Entendemos que temos livre acesso à Tua presença, por isso, iremos desfrutar de Tua companhia e permitir que Tua voz oriente nossas vidas.

Pedimos que o Senhor nos encha com Tuas palavras de vida, pois aquilo que proferimos cria realidades. Desejamos manifestar aquilo que está em Teu coração para as pessoas ao nosso redor e impactá-las com a Verdade, que liberta e transforma.

Louvamos a Ti, porque ouves a nossa oração e estás sempre disposto a falar conosco. Obrigada porque o Teu Espírito Santo nos fortalece para as batalhas de nossas vidas. Em nome de Jesus, amém!

ANOTAÇÕES

Dia 2

POR QUE DEVO ORAR?

Com a participação da pastora Sarah Mendes

Aposto que, em algum momento, você já fez, mesmo em pensamento, a seguinte pergunta: "Se Deus sabe de todas as coisas e é soberano, por que devo orar?". Olhamos ao nosso redor e, diante dos diversos problemas que assolam a humanidade – como doenças, miséria, morte, roubo e diferentes formas de injustiça –, tem sido cada vez mais comum muitas pessoas questionarem se Deus não vê o que está acontecendo. Afinal, se Ele é bom, poderoso e realmente nos ama, será que não está interessado em nos tirar de nosso sofrimento e trazer solução para toda dor e injustiça que existe em nosso meio? A resposta para isso, com toda certeza, é "sim". De fato, o Senhor deseja o melhor para as nossas vidas; inclusive, é isso que a Sua palavra diz em Jeremias 29.11:

> "Porque sou eu que conheço os planos que tenho para vocês", diz o Senhor, "planos de fazê-los prosperar e não de lhes causar dano, planos de dar-lhes esperança e um futuro".

No entanto, para desfrutarmos dos planos perfeitos de Deus e encontrarmos uma saída para aquilo que parece estar perdido, a primeira coisa a se fazer é mudar a nossa perspectiva. Isto é, tirar o foco das adversidades que assolam o mundo, ou de nós mesmos, e o colocarmos no Senhor, em oração. Podemos fazer isso demonstrando gratidão, mesmo quando parece não haver razões para isso, afinal, Cristo já nos deu a vitória através do Seu sangue derramado na cruz. Dessa forma, não existe motivo maior para sermos gratos senão esse. É exatamente esta a orientação que a Palavra nos dá em Filipenses 4.6:

> Não andem ansiosos por coisa alguma, mas em tudo, pela oração e súplicas, e com ação de graças, apresentem seus pedidos a Deus.

Essa atitude transforma completamente a nossa realidade, pois deixamos de confiar em nossa própria força e nos firmamos na identidade e no poder de Deus. Justamente por isso, devemos sempre orar, assim damos liberdade para que Ele transforme o caos em que nos encontramos em um grande milagre.

> **Orar nos leva a um relacionamento íntimo com Deus.**

Contudo, muitas vezes, questionamos a necessidade de orar, já que Deus já sabe de tudo quanto precisamos e tem planos maravilhosos para as nossas vidas. Sabemos que Ele é amoroso e bom, por isso, nos concede o poder de escolha, entre aceitarmos Sua vontade ou seguirmos de acordo com o que bem entendemos. Mas, para vivermos conforme Seus planos, além de O conhecermos e sabermos o que Ele deseja para cada aspecto de nossas vidas e para o mundo que nos cerca, devemos procurar direções quanto ao que fazer nesse cenário, o que só é possível através da oração.

Por isso, desde que comecei a fazer *lives* de oração durante a madrugada, tenho como maior propósito trazer essa prática para a realidade de nossa geração, a começar por mim. Entendemos que orar nos leva a um relacionamento íntimo com Deus, dessa forma, aos poucos, nossos pensamentos e sentimentos são alinhados com os d'Ele, e somos capacitados, através do Espírito, a criar uma realidade totalmente nova na Terra, isto é, sermos canal de transmissão de aspectos celestiais para nosso meio.

Entretanto, nem sempre é fácil desenvolvermos uma vida de oração constante. É como diz uma frase que ouvi certa vez, atribuída a Martinho Lutero, ilustre teólogo alemão e uma das figuras centrais da Reforma Protestante: "a oração é o suor da alma". Isso significa que se trata de algo desafiador para nós. Afinal, uma batalha é travada no mundo espiritual toda vez que nós oramos, pois a nossa carne entra em embate com nosso espírito. Considerando que orar é uma ação espiritual, nosso desejo carnal se opõe a ela, uma vez que a nossa carne não quer se submeter a Deus. A respeito disso, Paulo escreve:

> A mentalidade da carne é morte, mas a mentalidade do Espírito é vida e paz; a mentalidade da carne é inimiga de Deus porque não se submete à lei de Deus, nem pode fazê-lo. (Romanos 8.6-7)

Observe, por exemplo, o que aconteceu na Inglaterra quando a Reforma estava em ascensão na Europa. Nesse tempo, muitos deixaram de acreditar em Deus, o que era fruto do racionalismo – que, como o próprio nome diz, se trata de um movimento no qual as pessoas consideravam a razão como principal meio de explicar a realidade – e do iluminismo francês, movimento que tinha como cerne a liberdade individual e a tolerância religiosa. Num contexto

> **A oração é o suor da alma.**

tão difícil, diversos líderes e membros da Igreja iniciaram um clamor por um "reavivamento" do povo de Deus.[1]

Nesse contexto, Deus levantou um grupo de estudantes da Universidade de Oxford, entre os quais estavam homens que marcariam a história do cristianismo mundial, como John Wesley e George Whitefield. Em uma

> **Não há como sermos comprometidos com Deus e não cultivarmos uma vida de oração.**

vigília, no dia 31 de dezembro de 1739, enquanto eles oravam, Deus abriu os Céus, o Espírito Santo desceu, e o avivamento varreu toda a Inglaterra e se alastrou por todo o restante da Europa também.[2]

Isso tudo começou com aquele grupo de estudantes que se dispuseram a realizar reuniões de oração clamando pelo derramamento do Espírito Santo. Por meio deles, o ateísmo se esvaiu da Inglaterra. A História foi mudada e o avivamento veio para aquela nação através de jovens que se comprometeram com a oração. Portanto, se você está fazendo parte do exército de oração, já está vivendo o marco de algo que nós vislumbramos que acontecerá. Há muito poder nisso.

A verdade é que não há como sermos comprometidos com Deus e não cultivarmos uma vida de oração. Quando assumimos o compromisso de criar o hábito de orar de forma consistente, independentemente de qual seja a nossa vontade ou sentimento, estamos nos submetendo ao poder do Espírito Santo, que atua em nós. Como está escrito em 1 Tessalonicenses 5.17-18:

---

[1] **Avivamento nos dias de Jonathan Edwards**: Relevância atual. Publicado por Centro Presbiteriano de Pós-Graduação Andrew Jumper. Disponível em *https://cpaj.mackenzie.br/historia-da-igreja/movimento-reformado-calvinismo/jonathan-edwards/avivamento-nos-dias-de-jonathan-edwards-relevancia-atual/*. Acesso em julho de 2020.

[2] DUEWEL, Wesley. **Fogo do avivamento**: o avivamento de Deus através da história e sua aplicação para hoje. São Paulo: Hagnos, 2016.

Orem continuamente. Deem graças em todas as circunstâncias, pois esta é a vontade de Deus para vocês em Cristo Jesus.

É da vontade de Deus que haja transformação em nossas vidas e ao nosso redor, e fato é que essa mudança começa em nossas mentes a partir do momento em que rendemos nossos pensamentos ao Senhor e aceitamos Suas verdades para direcionar nossas vidas. A respeito disso, a Palavra nos diz:

> Clame a mim e eu responderei e lhe direi coisas grandiosas e insondáveis que você não conhece. (Jeremias 33.3)

Desse modo, o que era impossível se torna totalmente palpável, assim como todo choro é trocado por alegria, há cura para as dores que nos afligiam. Os que têm necessidades são supridos, os que choram são consolados e os fracos têm suas forças revigoradas n'Ele. Para isso, basta clamar por uma intervenção celestial, pois o Senhor nos faz uma promessa em Isaías 61.3:

> **Deus ama intervir a nosso favor, porque Ele é um Pai bom.**

> [...] e dar a todos os que choram em Sião uma bela coroa em vez de cinzas, o óleo da alegria em vez de pranto e um manto de louvor em vez de espírito deprimido. Eles serão chamados carvalhos de justiça, plantio do Senhor, para manifestação da sua glória.

Portanto, mesmo que as circunstâncias não mudem, quando nossa mente está alinhada à visão celestial, o Espírito Santo nos direcionará quanto ao que devemos fazer ou de que forma orar. Elias é um exemplo disso, ele era apenas um ser humano, como eu e você, mas ousou orar por uma intervenção divina, e o Senhor respondeu:

Elias era humano como nós. Ele orou fervorosamente para que não chovesse, e não choveu sobre a terra durante três anos e meio. Orou outra vez, e o céu enviou chuva, e a terra produziu os seus frutos. (Tiago 5.17-18)

A verdade é que Deus ama intervir a nosso favor, porque Ele é um Pai bom. Além do mais, é infinitamente poderoso, mas opta por agir em parceria conosco, contando com as nossas orações. Ele deseja ouvir a voz de cada um de nós, independentemente do status que temos na sociedade ou de nosso cargo ministerial. Ele espera pelo clamor de cada um de Seus filhos:

> Peçam, e será dado; busquem, e encontrarão; batam, e a porta será aberta. Pois todo o que pede recebe; o que busca encontra; e àquele que bate, a porta será aberta. (Mateus 7.7-8)

Silencie as outras vozes e ouça seu Pai.

Esteja confiante de que você tem um Pai bom, que está constantemente disposto a escutá-lo e guiá-lo em toda a verdade. Então, silencie as outras vozes e ouça seu Pai. Somente a oração nos leva a uma relação de profunda intimidade com Ele, e quanto mais somos intensos em desenvolver esse relacionamento e conhecer Sua voz, mais alta e clara ela será em toda e qualquer situação, todos os dias de nossas vidas. Só será possível manifestar a vida do Senhor onde estivermos se tivermos a prática da oração, e essa é a nossa melhor escolha.

ORE COMIGO

Senhor, sabemos que Teus propósitos para as nossas vidas são perfeitos, Teus planos são de paz e de um futuro bom. Por isso, submetemos nossa mente ao Teu senhorio, trocamos nossos pensamentos pelos Teus e pedimos que o Teu Espírito Santo direcione cada um de nossos passos, até mesmo nossas orações, de acordo com a Tua vontade.

Destruímos argumentos e toda pretensão que se levanta contra o conhecimento de Ti, e levamos cativo todo nosso pensamento para torná-lo obediente a Cristo, como a Tua palavra diz em 2 Coríntios 10.5.

Reconhecemos que o Senhor tem o melhor para as nossas vidas e não queremos mais viver de acordo com nosso próprio entendimento e vontade, mas tornar toda a nossa existência uma expressão de adoração a Ti, ao obedecermos Tua voz em todo o tempo.

Obrigada por Teu cuidado ao planejar um futuro de prosperidade e paz para cada um de nós. Confiamos em Ti.

Em nome de Jesus, amém.

ANOTAÇÕES

Dia 3

COMO OUVIR A VOZ DE DEUS?

Com a participação do pastor Deive Leonardo

Você reconheceria facilmente a voz de sua mãe, não é mesmo? Também não seria nada complicado saber quando seu amigo está falando, mesmo que você não o esteja vendo, certo? Isso acontece porque você já os conhece bem, passou bastante tempo com eles, de modo que desenvolveram intimidade. Sendo assim, ao ouvir a voz de algum deles, você sabe exatamente quem está falando. Para que seu relacionamento com alguém chegue a esse nível de intimidade, são necessárias conversas frequentes entre vocês, e quanto mais tempo passarem juntos, mais fácil será para reconhecerem a voz um do outro.

> **Para conseguirmos ouvir a Deus, é necessário passarmos tempo com Ele desenvolvendo intimidade.**

Da mesma maneira, para conseguirmos ouvir a Deus, é necessário passarmos tempo com Ele desenvolvendo intimidade. Afinal, o

Senhor fala conosco em todo tempo, porém, para reconhecer Sua voz em meio a tantas outras, devemos estar bastante atentos e sensíveis em nosso espírito, com fé e expectativa por Sua presença. À medida que nos aproximamos do Senhor e nos tornamos mais íntimos d'Ele, naturalmente começamos a ouvi--lO com mais clareza. É como se, a cada encontro com Deus, estivéssemos mais conectados com a frequência do Céu, livres de qualquer interferência exterior!

No início, porém, é provável que tenhamos algumas dificuldades nesse processo. Até mesmo Samuel, que mais tarde se tornaria um grande profeta e juiz de Israel, quando foi chamado por Deus pela primeira vez, não O reconheceu:

> Então o Senhor chamou Samuel. Samuel respondeu: "Estou aqui". E correu até Eli e disse: "Estou aqui; o senhor me chamou?". Eli, porém, disse: "Não o chamei; volte e deite-se". Então, ele foi e se deitou. (1 Samuel 3.4-5)

Contudo, mais tarde, com a ajuda de Eli, o sacerdote que o instruía, ele aprendeu a ouvir a voz de Deus:

> O Senhor voltou a chamá-lo como nas outras vezes: "Samuel, Samuel!". Samuel disse: "Fala, pois o teu servo está ouvindo". (1 Samuel 3.10)

E esse foi apenas o começo de um relacionamento com o Senhor, que foi desenvolvido ao longo de toda a vida de Samuel. Desse modo, ele se tornou conhecido como um porta-voz de Deus, pois transmitia com fidelidade Suas palavras ao povo. Inclusive, foi ele o responsável por ungir o primeiro rei de Israel.

Quando a Palavra relata que Samuel confundiu a voz de Deus com a do sacerdote Eli, que dormia em seu quarto, podemos entender que provavelmente ele O tenha escutado de modo audível. Contudo, há diversas outras formas pelas quais é possível ouvirmos ao Senhor.

Pode ser que, assim como Samuel, escutemos algum som nitidamente da mesma maneira que ouvimos nossos parentes e amigos no dia a dia. Ou, às

> **É fundamental que a leitura bíblica seja feita enquanto oramos, pedindo por discernimento da parte d'Ele.**

vezes, Ele poderá falar conosco através de uma voz interna, ou seja, não a detectaremos com nossos ouvidos, mas sim em nossa mente ou coração. O Senhor também Se manifesta em nossa consciência, orientando-nos quanto ao que fazer ou deixar de fazer em diversas situações.

Uma outra maneira de ouvir a Deus é a partir da contemplação da natureza. Como sabemos, foi Ele quem criou todo o Universo e o que existe nele: o céu, o mar, o Sol, a Lua, as estrelas, e, se estivermos atentos, poderemos percebê-lO através de Sua criação. Ou então ouvi-lO por meio de sensações, como quando estamos dirigindo e temos a impressão de que devíamos fazer outro caminho em vez de seguir pelo trajeto de costume.

Pode parecer estranho, mas existe um jeito mais incomum de escutar ou perceber a voz de Deus, que é por meio de cheiros. Algumas pessoas, em situações específicas, podem sentir um aroma sobrenatural de algo que não estava naquele ambiente, como o cheiro forte de uma flor ou alimento em um lugar fechado, sem que exista qualquer fonte para aquela fragrância. Nesse tipo de manifestação, o aroma poderá ter algum significado particular para cada um a quem Deus Se revela.

Há ainda momentos em que o Senhor nos dá sonhos espirituais enquanto dormimos. Não são sonhos comuns, sentimos algo diferente quando Deus deseja nos falar por meio desse canal. E para perceber quando isso acontece, é necessário discernimento espiritual, que só é possível construir através de intimidade e relacionamento com Ele.

Por fim, ouvimos a voz de Deus, principalmente, ao lermos a Sua Palavra: a Bíblia. Precisamos estar conectados ao Espírito Santo ao lermos as Escrituras, pois Ele irá nos guiar em toda verdade, revelando o que estamos estudando. Por isso, é fundamental que a leitura bíblica seja feita enquanto oramos, pedindo por discernimento da parte d'Ele.

> **As Escrituras revelam o coração e a mente do Senhor.**

Existem diversas manifestações incríveis e criativas do Senhor, mas para que possamos percebê-las e compreendê--las, devemos priorizar a construção de um relacionamento profundo com Deus e, assim, seremos mais parecidos com Ele. Para tanto, o primeiro passo é valorizar o quanto somos privilegiados por escutar Suas palavras todos os dias e desfrutar da Sua presença.

A voz de Deus é extremamente preciosa! Porém, se isso é verdade, por que então a tratamos de forma descuidada tantas vezes? Em alguns momentos, Ele pede para nos levantarmos no meio da noite para passarmos um tempo em Sua presença, mas pensamos que é coisa da nossa cabeça, e O silenciamos. Ou, então, Ele diz que precisamos acordar um pouco mais cedo para honrar com nosso compromisso no trabalho, ou move nosso coração para que sejamos generosos com uma pessoa em necessidade, ou até nos alerta de que já passou da hora de nos afastarmos de alguém que tem sido uma péssima influência em nossas vidas. Mas simplesmente ignoramos Sua voz, que fala ao nosso coração, e ainda nos queixamos dizendo que Ele nunca fala conosco ou Se esqueceu de nós.

Isso acontece porque, muitas vezes, desejamos que Deus fale o que queremos ouvir e, caso contrário, fingimos que nada está acontecendo. Por outro lado, quando valorizamos Sua voz, respeitando e obedecendo cada pequena palavra que Ele nos diz, percebemos que o constante anseio do Senhor em falar conosco é porque Ele deseja Se fazer conhecido por nós.

Junto com tudo isso, lembre-se de que Sua palavra sempre está disponível a nós. Antes de dizer que Deus não fala com você, que tal abrir a Bíblia?

> A tua palavra é lâmpada que ilumina os meus passos e luz que clareia o meu caminho. (Salmos 119.105)

As Escrituras revelam o coração e a mente do Senhor enquanto lemos com a revelação do Espírito Santo; somos, então, guiados de acordo com a Sua vontade. Sendo assim, permita que essas palavras mudem sua vida, priorize a voz de Deus e Ele confiará a você Seus segredos. Nenhuma outra posição é mais propícia a Deus do que o lugar de honra, Ele deve estar no centro, reinando sobre todas as áreas e cada detalhe de nossas vidas.

ORE COMIGO

Senhor, neste momento, diferentemente de outras ocasiões, meu único pedido é que eu possa escutar a Tua voz, mesmo neste lugar onde estou ou com as distrações que me cercam. Que a minha sensibilidade aos Teus sinais e revelações seja aguçada, e que eu não perca nenhuma oportunidade de ser guiado por Ti.

Coloque dentro de mim uma fome pela Tua palavra de tal maneira que eu não me conforme em passar um dia sequer sem escutar algo da Tua parte. Sejam palavras audíveis, sons, cheiros ou aquilo que o Espírito Santo soprar dentro do meu ser; que tudo contribua para que eu possa ser mais íntimo do Senhor.

Assim como Samuel e tantos outros homens e mulheres do passado ouviram o Teu chamado e tiveram suas histórias marcadas, faça comigo também. Revela a mim e à Tua Igreja os segredos e estratégias que este mundo necessita para ser transformado e impactado pelo poder do Reino dos Céus. Em nome de Jesus, amém.

ANOTAÇÕES

Dia 4

COMO DEVO ORAR?

TIPOS DE ORAÇÃO

**Com a participação do pastor
Elizeu Rodrigues**

Ao orarmos, pretendemos conhecer mais profundamente o coração de Deus e causar uma transformação em nosso meio. Para isso, há diferentes caminhos que podem ser seguidos dentro do que a Bíblia nos orienta, que são: petição, agradecimento, concordância e declaração. Todos esses tópicos se encaixam na categoria que denominamos como oração em entendimento. Além disso, a Palavra também nos ensina que podemos orar no espírito. Entretanto, não importa de qual delas faremos uso, desde que estejam fundamentadas na fé. Isto é, crendo que cada palavra que é formada em nossas mentes e é dita por nossos lábios está alinhada com aquilo que já é real no mundo espiritual, chamando à existência o que nossos olhos naturais ainda não contemplam, como nos orienta a Palavra:

> Ora, a fé é a certeza daquilo que esperamos e a prova das coisas que não vemos. (Hebreus 11.1)

Esse, na verdade, é um pré-requisito para a oração, afinal como orar a Alguém em quem não cremos?

> Sem fé é impossível agradar a Deus, pois **quem dele se aproxima precisa crer que ele existe** e que recompensa aqueles que o buscam. (Hebreus 11.6 – grifo do autor)

Quando essa convicção se enraíza em nossos corações, damos um enorme salto em direção ao entendimento da natureza de Deus. Ao conhecê-lO com mais profundidade, nossa intimidade com Ele também aumenta, retirando-nos da posição de simples pedintes para filhos seguros que conhecem o Seu Pai e, por isso, sabem ao que têm acesso. Todavia, esse é um processo de construção que leva tempo e exige investimento por parte de cada um de nós, como uma casa que é alicerçada desde os fundamentos, passando por cada tijolo e chegando, enfim, a um belo telhado. Talvez seja por isso que Jesus incentivava Seus discípulos a não apenas testemunharem sobre o poder de Deus como uma obrigação, mas, sim, como reflexo de algo que foi edificado, principalmente no secreto. É nesses momentos de oração a sós em nosso quarto, ou em algum ambiente reservado, que temos a oportunidade de cultivar uma ligação verdadeira com o Pai. É justamente essa a orientação que o Mestre nos dá, no que diz respeito à oração, em Mateus 6.6:

> Mas quando você orar, **vá para seu quarto, feche a porta** e ore a seu Pai, que está no **secreto**. Então seu Pai, que vê no secreto, o recompensará. (grifo do autor)

Nos versículos anteriores, Jesus fazia uma dura crítica aos hipócritas da época, que amavam dar esmolas aos pobres, anunciando seus feitos aos quatro cantos, e àqueles que ficavam nas esquinas orando de forma chamativa para impressionar quem passasse. Porém, quebrando toda a lógica que essas pessoas poderiam ter para agir assim, Cristo diz que a melhor forma de chamarmos a atenção do Criador é quando ninguém está nos vendo. Ou melhor, apenas quando nosso Deus, que tudo sabe e tudo vê, está nos observando.

Sempre que leio esse trecho do evangelho de Mateus, fico pensando em como isso se assemelha à cumplicidade que um casal constrói após anos e anos de união. Desde o namoro e, depois, com o noivado e o casamento, mais etapas de intimidade são alcançadas, até que eles, após tantos encontros, reuniões de família, situações constrangedoras e momentos de desabafo e discussões, passam a conhecer mais e mais características de seu companheiro. O interessante é que, passado algum tempo, é comum ver maridos e esposas quase conversando por telepatia, demonstrando suas opiniões e vontades por meio de simples gestos e olhares.

Da mesma forma, não podemos esperar pela compreensão de segredos ocultos contidos na Bíblia se não conhecemos com propriedade seu Autor. Muito menos vivenciar experiências sobrenaturais com o Espírito Santo em nosso cotidiano se não estamos dispostos a tê-lO no controle de nossas vidas. Seja qual for o meu e o seu anseio diante da presença de Deus, a fé e a intimidade através de uma vida de oração sincera sempre serão a porta de entrada.

Assim que essas duas coisas se alinham, nossa compreensão a respeito de nós mesmos e de quem Deus é ganha um novo significado. Além disso, em qualquer ambiente onde há relacionamento íntimo, a liberdade estará presente. Quando estreitamos laços com qualquer pessoa, sabemos quais são seus gostos e aquilo que a desagrada. Logo, tudo o que falarmos e pedirmos passará por um filtro, para que aquela aliança não seja desfeita. No entanto, na mesma intensidade em que somos livres para pedir, também teremos a chance de receber um "não" ou um "sim". Nossa reação diante dessa resposta, independentemente de qual seja, mostrará se estamos sendo verdadeiros ou se aquela amizade é baseada apenas em interesses.

> **A chave para uma boa oração de petição é justamente pedirmos de acordo com Sua vontade.**

A esta altura, você já deve ter entendido como esse é um paralelo perfeito no que diz respeito ao nosso relacionamento com Deus. Ao compreender que Ele é nosso Pai Celestial e nós, Seus filhos, parte da Sua família, nós nos sentiremos confortáveis para fazer nossos pedidos, crendo que a vontade d'Ele é perfeita e agradável. Portanto, não devemos ter medo de pedir, assim como Jesus nos ensina:

> **Peçam**, e lhes será dado; **busquem**, e encontrarão; batam, e a porta lhes será aberta. Pois todo o que pede, recebe; o que busca, encontra; e àquele que bate, a porta será aberta. Qual de vocês, se seu filho pedir pão, lhe dará uma pedra? Ou se pedir peixe, lhe dará uma cobra? Se vocês, apesar de serem maus, sabem dar boas coisas aos seus filhos, quanto mais **o Pai de vocês, que está nos céus, dará coisas boas aos que lhe pedirem!**
> (Mateus 7.7-11 – grifo do autor)

Infelizmente, essa não é uma realidade para algumas pessoas, mesmo aquelas que já são parte da Igreja há muito tempo. Por não conseguirem enxergar a mesa que está disposta e o perdão que já foi liberado, há irmãos que se sentem culpados ao pedirem qualquer coisa para o Senhor. No entendimento deles, já está de bom tamanho ter uma vida e, assim, conformam-se com os problemas e deixam que tudo permaneça do mesmo jeito, sem perspectivas de avanço. Essa é uma mentalidade muito perigosa, que não consegue conceber a oração não só como uma conversa particular com o próprio Deus, mas como ferramenta necessária para mudar realidades terrenas. Caso sinta que esse tipo de mentira está sobre você neste momento, ore agora, renuncie e posicione-se para não aceitar mais que isso habite em seu coração. Servimos a um Deus que, mesmo tendo todo o poder, decidiu não agir sozinho, mas conta tanto com as nossas orações como com as nossas ações. O Senhor não nos quer apenas como figurantes, atuando de forma religiosa, mas deseja que participemos ativamente de tudo o que Ele tem realizado na Terra.

A respeito disso, C. S. Lewis escreveu:

> Ele conferiu a nós, pequenas criaturas, a dignidade de poder contribuir para o curso dos acontecimentos [...][1]

> **Oração em línguas é um dom derramado pelo Espírito Santo.**

Ou seja, entre tantos caminhos e estratégias com as quais Ele poderia manifestar Sua vontade, Deus nos criou, chamou e capacitou para contribuir com Seus propósitos de modo digno no curso dos acontecimentos. Mas, para isso, é essencial estarmos conectados a Ele, afinal não poderíamos realizar os planos do Senhor sem o poder sobrenatural que vem d'Ele mesmo. Jesus explica um pouco melhor essa questão na passagem de João 15:

> Permaneçam em mim, e eu permanecerei em vocês. Nenhum ramo pode dar fruto por si mesmo, se não permanecer na videira. Vocês também não podem dar fruto, se não permanecerem em mim. Eu sou a videira;

---

[1] LEWIS, C.S. **Como orar**. 1. ed. Rio de Janeiro: Thomas Nelson Brasil, 2020.

vocês são os ramos. **Se alguém permanecer em mim e eu nele, esse dá muito fruto; pois sem mim vocês não podem fazer coisa alguma.** Se alguém não permanecer em mim, será como o ramo que é jogado fora e seca. Tais ramos são apanhados, lançados ao fogo e queimados. (João 15.4-6 – grifo do autor)

Observe que, nessa analogia, Cristo revela a chave para uma boa oração de petição, que é justamente pedirmos de acordo com Sua vontade, uma vez que estamos n'Ele:

> Se vocês **permanecerem em mim**, e as minhas palavras permanecerem em vocês, **pedirão o que quiserem, e lhes será concedido**. (João 15.7 – grifo do autor)

Paulo também traz orientações para nós em relação às petições e aborda a importância dos agradecimentos em nossas orações. É o que está escrito em Filipenses 4.6:

> Não andem ansiosos por coisa alguma, mas **em tudo, pela oração e súplicas, e com ação de graças, apresentem seus pedidos a Deus**. (grifo do autor)

Nesse texto, o apóstolo indica o caminho seguro para a "paz que excede todo o entendimento", a qual menciona no versículo seguinte:

> E a paz de Deus, que excede todo o entendimento, guardará os seus corações e as suas mentes em Cristo Jesus. (Filipenses 4.7)

Quando oramos colocando diante de Deus aquilo que precisamos e reconhecemos tudo o que Ele já conquistou para nós, agradecendo-Lhe, podemos, então, permanecer tranquilos em toda e qualquer situação. Desse modo, encontramos a confiança que precisamos para esperar n'Ele. Davi entendeu isso e, lembrando-se de todas as vezes em que o Senhor o havia livrado, cantou com gratidão:

> Mudaste o meu pranto em dança, a minha veste de lamento em veste de alegria, para que o meu coração cante louvores a ti e não se cale. Senhor, meu Deus, **eu te darei graças para sempre**. (Salmos 30.11-12 – grifo do autor)

As orações que abordamos até agora são denominadas como orações em entendimento. São aquelas que fazemos compreendendo exatamente as palavras que estamos dizendo, ou seja, elas são formuladas em nossa mente, de acordo com o que conseguimos discernir. Por outro lado, a oração no espírito, ou oração em línguas, é um dom derramado pelo Espírito Santo (cf. Atos 2.4) para nossa própria edificação (cf. 1 Coríntios 14.4), e não é assimilada por nossa mente, apenas discernida espiritualmente.

> Por isso, quem fala em língua, ore para que a possa interpretar. Pois, se oro em língua, meu espírito ora, mas a minha mente fica infrutífera. Então, que farei? Orarei com o espírito, mas também orarei com o entendimento; cantarei com o espírito, mas também cantarei com o entendimento. (1 Coríntios 14.13-15)

Quando oramos em línguas, o Espírito Santo intercede a nosso favor através do nosso espírito. Enquanto proferimos aquilo que não somos capazes de entender, Ele coloca as palavras certas em nossa boca, pois muitas vezes não sabemos exatamente do que precisamos, mas o Espírito de Deus sabe.

Da mesma forma o Espírito nos ajuda em nossa fraqueza, pois não sabemos como orar, mas **o próprio Espírito intercede por nós com gemidos inexprimíveis.** E aquele que sonda os corações conhece a intenção do Espírito, porque o Espírito intercede pelos santos de acordo com a vontade de Deus. (Romanos 8.26-27 – grifo do autor)

Podemos, ainda, orar em concordância, ou seja, junto aos nossos irmãos na fé, consentindo com os pedidos uns dos outros. Assim, expressamos uma Igreja unida e em harmonia, que caminha em uma direção. Tal unanimidade potencializa o impacto de nosso clamor a Deus:

> **Trocaram o conforto de suas camas quentinhas por um tempo na presença de Deus.**

> Também vos digo que, se dois de vós concordarem na terra acerca de qualquer coisa que pedirem, isso lhes será feito por meu Pai, que está nos céus. (Mateus 18.19)

Outra maneira de que podemos orar é declarando a Palavra de Deus. Ao fazer isso, assumimos como verdade para nós o que está nas Escrituras, encontrando uma linguagem para expressar o clamor de nosso coração. Jesus declarou a Palavra em diversos momentos. Um exemplo é a ocasião em que Ele entra no templo dizendo o que estava escrito em Isaías 56.7. Esse evento está relatado em Mateus 21.12-13:

> Jesus entrou no templo e expulsou todos os que ali estavam comprando e vendendo. Derrubou as mesas dos cambistas e as cadeiras dos que vendiam pombas, e lhes disse: "**Está escrito**: 'A minha casa será chamada casa de oração'; mas vocês estão fazendo dela um covil de ladrões'". (grifo do autor)

> **Se Cristo orou, não devemos orar também?**

Por fim, diante de tantas formas existentes para fazer uma oração, não temos mais desculpas para não reservamos um momento de nossos dias e nos dedicarmos a essa prática. Ao longo da Bíblia, existem diversos relatos de pessoas que, por exemplo, trocaram o conforto de suas camas quentinhas por um tempo na presença de Deus. Esse certamente é um ato que demonstra uma enorme paixão por Ele, afinal não é algo que se faz com facilidade, mas requer um esforço de nossa parte.

> Levante-se, grite no meio da noite, quando começam as vigílias noturnas; derrame o seu coração como água na presença do Senhor. Levante para ele as mãos em favor da vida de seus filhos, que desmaiam de fome nas esquinas de todas as ruas. (Lamentações 2.19)

Jesus, nosso maior exemplo de vida de oração, demonstrava com atitudes como essa que a disciplina espiritual deve ser uma parte inegociável de nossas vidas. Mesmo passando Seus dias pregando, curando e ensinando sobre o Reino de Deus, Ele sempre encontrava tempo para conversar com Seu Pai:

> Num daqueles dias, Jesus saiu para o monte a fim de orar, e **passou a noite orando a Deus**. (Lucas 6.12 – grifo do autor)

Se Cristo, o Filho de Deus, que desceu dos Céus tomando a forma de homem, orou tanto em Seus dias na Terra – e ainda hoje, à destra do Pai, intercede a todo tempo a nosso favor (cf. Romanos 8.34) –, por que nós, que ainda carecemos de conhecer melhor o Pai e dependemos d'Ele para todas as coisas, não deveríamos orar?

Agora que entendemos a importância dos diversos tipos oração, através de exemplos bíblicos, que tal começarmos hoje mesmo a orar de uma maneira nova? Ou de um jeito que não temos praticado muito ultimamente? Você aceita esse desafio?

ORE COMIGO

Meu Deus e Pai, que acima de grandes movimentos e momentos de celebração, minha vida esteja voltada a um espírito de oração constante. Independentemente do formato, ou se estou em um ambiente favorável, que eu possa declarar a Tua grandeza e as Tuas maravilhas. Desperte dentro de mim uma urgência sobre isso!

Senhor, não me deixe viver uma vida rasa, sem Te conhecer profundamente e saber dos Teus segredos. E que aquilo que eu frutificar enquanto estiver na Terra, seja um reflexo direto daquilo que eu tenho cultivado Contigo.

Expanda a minha capacidade de orar, e que eu não seja limitado pelas forças físicas e as fraquezas do meu corpo. Que esse anseio por mais de Ti se manifeste nas mais diversas formas de oração. Por isso, use meus lábios, meu coração e mente em todo o tempo. Em nome de Jesus, amém.

ANOTAÇÕES

Dia 5

O QUE DIZER?

Com a participação de Gabriela Lopes

Talvez uma das maiores dificuldades daqueles que decidiram orar seja saber o que dizer. Afinal, tendo consciência de que a oração é poderosa e estando nós diante de um Deus grandioso e tão bom, parece que nenhuma de nossas palavras é suficientemente adequada ou correta. Entretanto, sempre que esse tipo de pensamento surgir, devemos nos lembrar: quando oramos, não estamos diante de um desconhecido ou de alguém que está distante, e, sim, d'Aquele que mais nos ama e nos conhece. Dessa forma, seja qual for o assunto, tanto algo simples como temas profundos, pode ser tratado de modo natural e sincero.

Pensando sobre isso, percebo que essa é uma dificuldade que atinge a maioria das pessoas que estão começando uma vida de oração. Mesmo quando temos alguma compreensão sobre a natureza de Deus e iniciamos um relacionamento íntimo com Ele, ainda queremos estabelecer padrões e encontrar algum método infalível. A origem de um comportamento como esse pode estar em diversos lugares, mas, na maioria das vezes, está baseada em nossa vontade de controlar as situações e encaixá-las em nossa lógica. No fim das contas, em algum momento, todos iremos nos perguntar: existe algum modelo ideal de oração?

Para responder a essa dúvida, podemos contar com a Bíblia. Inclusive, é justamente nela que encontramos o modelo de oração que Jesus deixou para nós, a famosa oração do "Pai Nosso". Ele nos ensina a orar da seguinte maneira:

> Vocês, orem assim: "Pai nosso, que estás nos céus! Santificado seja o teu nome. Venha o teu Reino; seja feita a tua vontade, assim na terra como no céu. Dá-nos hoje o nosso pão de cada dia. Perdoa as nossas dívidas, assim como perdoamos aos nossos devedores. E não nos deixes cair em tentação, mas livra-nos do mal, porque teu é o Reino, o poder e a glória para sempre. Amém". (Mateus 6.9-13)

Nessa oração, Jesus nos instrui a respeito de aspectos importantes e necessários para nossa relação com o Senhor. Primeiramente, ao entrarmos na presença de Deus, precisamos reconhecer Sua grandeza e santidade, quem Ele é. Isso logo nos levará a exaltá-lO. É justamente este o convite que o salmista faz no capítulo 95 de Salmos:

> **O cristão, através da oração, é que faz com que o Céu se expresse aqui neste mundo.**

> Venham! Cantemos ao Senhor com alegria! Aclamemos a Rocha da nossa salvação. Vamos à presença dele com ações de graças; vamos aclamá-lo com cânticos de louvor. Pois o Senhor é o grande Deus, o grande Rei acima de todos os deuses. Nas suas mãos estão as profundezas da terra, os cumes dos montes lhe pertencem. Dele também é o mar, pois ele o

fez; as suas mãos formaram a terra seca. Venham! Adoremos prostrados e ajoelhemos diante do Senhor, o nosso Criador. (Salmos 95.1-6)

Repare em como ele engrandece a Deus por tudo o que Ele é e por tantas coisas grandiosas que Ele faz. É um fato que sempre será possível encontrarmos motivos para adorá-lO. Mas, se para você ainda é complicado perceber todas essas coisas, uma boa dica é orar de forma simples, pedindo que o Senhor abra seus olhos e lhe dê sensibilidade para reconhecer Sua grandeza nos pequenos detalhes da vida. Com certeza, a partir desse pedido, você enxergará a mão de Deus naquilo que, em outro momento, você teria deixado de lado. Quando faltarem expressões, simplesmente abra as Escrituras e faça das palavras de Jesus, dos salmistas ou de tantos outros homens e mulheres de Deus a sua oração. De qualquer maneira, o importante é não se acomodar e sempre encontrar caminhos para manifestar sua gratidão e louvor ao Criador!

Depois de adorarmos, Cristo nos ensina a clamar pelo Reino dos Céus aqui na Terra e a expressar a submissão de nossas vontades à d'Ele. Em relação a isso, observe o que Bill Johnson explica:

> O cristão, através da oração, é que faz com que o Céu se expresse aqui neste mundo. Quando o crente ora de acordo com vontade revelada de Deus, a fé se torna precisa e voltada para um só alvo. A fé apropria-se da realidade do Céu. E uma fé permanente não a deixa escapar. Uma invasão assim faz com que as circunstâncias terrenas se alinhem com as celestiais.[1]

---

[1] JOHNSON, Bill. **Quando o Céu invade a Terra**: guia prático para uma vida de milagres. 1. ed. São Paulo: Vida: 2005.

Se estamos firmados em Cristo, por meio da nossa fé e submissão de nossas vidas a Ele, consequentemente oramos de acordo com Sua vontade e assim nos tornamos verdadeiros embaixadores do Reino celestial na Terra; isto é, aqueles que manifestam e trazem a cultura dos Céus por onde andam assim como Jesus. Através da oração, entendemos que a vontade de Deus é a melhor e Seus planos são perfeitos, então voltamos nossas vidas ao cumprimento de Seus propósitos, mesmo que isso não nos agrade e ainda que custe nossa própria vida.

Foi exatamente isso que Cristo fez em Seus dias entre nós. Ele nos ensinou a orar para que seja feita a vontade do Pai na Terra como é nos Céus (cf. Mateus 6.10); e, mesmo que isso significasse Sua morte em uma cruz, manteve Suas palavras de rendição ao Pai, como está descrito em Mateus 26.39:

> Indo um pouco mais adiante, prostrou-se com o rosto em terra e orou: "Meu Pai, se for possível, afasta de mim este cálice; contudo, **não seja como eu quero, mas sim como tu queres**". (grifo do autor)

Repare que nós podemos, sim, colocar o que está em nosso coração diante de Deus, entretanto, se confiamos n'Ele, damos-Lhe consentimento para que não a nossa vontade, mas a d'Ele prevaleça. Cristo entregou tudo na cruz para que as promessas do Pai se cumprissem aqui, por isso, devemos orar também de acordo com as palavras de Deus para nossas vidas. E, infelizmente, é nesse momento que muitos se perdem.

Afinal, é difícil nos livrarmos de certos paradigmas impostos pela cultura e pela religiosidade fazendo uma distinção entre liberdade e submissão. Quando estamos em um nível raso de conhecimento acerca daquilo que o Senhor tem para nós, muitas vezes é complicado colocar a Sua vontade acima de nossos gostos e prazeres. A própria oração do Pai Nosso, talvez uma das passagens mais conhecidas de toda a Bíblia [mesmo por quem não é cristão], transformou-se quase que em um mantra, mas são poucos que param para refletir sobre a profundidade dessas afirmações.

> **Quando vivemos por fé, nossas atitudes devem estar totalmente alinhadas com essa "obra invisível".**

Diante disso, será possível transformarmos aquilo que seria uma "obrigação" em fonte de alegria e expectativa? Não só é possível, como é essencial! Entender que os planos do Senhor são superiores e, ainda assim, rejeitá-los ou enxergá-los como um fardo distorce toda a beleza que há por trás dos propósitos divinos. Logo, compreenda que aceitar o chamado do Pai não é uma imposição, mas um passo natural de quem escolhe viver por Ele.

Não se desespere caso ainda seja doloroso para você compreender essas verdades, mas fique feliz se alguma coisa já começou a se mover no seu interior. Diferentemente do que muita gente pensa, esse incômodo é um sinal claro de que o Espírito Santo já iniciou um intenso processo de mudança no seu corpo, alma e espírito. Todos os dias, o Consolador nos instrui e direciona a nos desapegarmos das vontades que o nosso velho homem tinha para abraçarmos aquilo que a nova criatura deseja (cf. Efésios 4.22-24).

Porém, não podemos encarar essa questão de forma abstrata. É comum que, quando falamos sobre mudança interior e aquilo que acontece no mundo espiritual, tenhamos a percepção de que é algo distante. Mas, a verdade é que, quando vivemos por fé, nossas atitudes devem estar totalmente alinhadas com essa "obra invisível". Em outras palavras, eu e você devemos colaborar dia após dia para que a vontade do Senhor se cumpra em nossos destinos. As disciplinas espirituais, como você já deve saber, são sim os alicerces para que esse objetivo possa ser alcançado, mas nossas ações cotidianas são a resposta que damos a tudo aquilo que o Senhor nos diz enquanto nos relacionamos com Ele.

Portanto, se Deus já apontou a direção para onde você deve caminhar, mesmo que sua visão sobre isso ainda não seja clara, não pense duas vezes antes de seguir em frente. Se Ele lhe deu um projeto que ainda não pode ser concretizado, comece a estudar e reunir conhecimentos para que isso seja possível no futuro. Caso alguma esfera da sociedade já queime em seu coração, não espere que sua vida esteja perfeita para dar início à sua caminhada rumo ao lugar onde você deseja e sente que deve estar. Não existe melhor forma de ser fiel a uma palavra de Deus do que agindo, ainda que o terreno onde pisamos não seja visível.

> **Uma vida de santidade, em concordância com a prática do arrependimento, deve ser nossa resposta diante de toda tentação e culpa do passado.**

Além disso, considere que viver de acordo com os propósitos do Senhor significa ir além do que poderíamos conseguir com nossas próprias forças e recursos. Por isso, nos colocamos na posição de total dependência d'Ele. Não é à toa que, de acordo com a oração do Pai Nosso, Jesus nos ensina também a pedir ao nosso Provedor por aquilo que precisamos: "Dá-nos hoje o nosso pão de cada dia" (Mateus 6.11).

O Senhor nos orienta, ainda, a orarmos pelo perdão de nossos pecados. Afinal, ao longo de nosso caminho rumo ao cumprimento das promessas de Deus, lidaremos com adversidades. Acredite em mim, o Acusador vai tentar paralisá-lo de várias formas, e um de seus mecanismos será trazer lembranças de seus erros para desencorajá-lo. Entretanto, em vez de aceitar essas acusações, coloque toda sua culpa aos pés da cruz. Uma vida de santidade, em concordância com a prática do arrependimento, deve ser nossa resposta diante de toda tentação e culpa do passado. Não importa o que fizemos, desde que nossos corações estejam abertos para reconhecer as falhas e clamar por perdão, e que nos posicionemos com novas atitudes. O profeta Isaías repete por diversas vezes o poder que há no simples ato do arrependimento:

> "Venham, vamos refletir juntos", diz o Senhor. "Embora os seus pecados sejam vermelhos como escarlate, eles se tornarão brancos como a neve; embora sejam rubros como púrpura, como a lã se tornarão". (Isaías 1.18)

> Que o ímpio abandone seu caminho, e o homem mau, os seus pensamentos. Volte-se ele para o Senhor, que terá misericórdia dele; volte-se para o nosso Deus, pois ele perdoará de bom grado. (Isaías 55.7)

Sabemos também que o sangue de Jesus nos purifica completamente. Uma vez que confessamos nossos pecados e pedimos perdão a Deus, somos totalmente perdoados:

> "[...] Dos seus pecados e iniquidades não me lembrarei mais". Onde essas coisas foram perdoadas, não há mais necessidade de sacrifício pelo pecado. (Hebreus 10.17-18)

Logo, como recebemos perdão, nada mais justo do que perdoarmos a quem nos causou danos. Na verdade, devemos seguir as ordenanças de Cristo, até mesmo como um sinal de amadurecimento: "Pois se perdoarem as ofensas uns dos outros, o Pai celestial também lhes perdoará. Mas se não perdoarem uns aos outros, o Pai celestial não lhes perdoará as ofensas"

(Mateus 6.14-15). Entre outras coisas, o perdão é um exercício de humildade em que reconhecemos, antes de tudo, o quanto também não merecíamos esse favor. Se utilizássemos o senso de justiça que nossa sociedade aplica, provavelmente não haveria outro destino para nós, senão a condenação. Todavia, o Senhor escolheu nos absolver, ainda que estivéssemos no banco dos réus, e Ele espera que nós também utilizemos essa dádiva em todas as situações de nossas vidas.

Lembre-se de que, por maior que tenha sido o problema que alguém lhe causou, nada jamais será maior do que a morte de Jesus na cruz. E Ele fez isso por mim e por você, a fim de que fôssemos libertos do pecado e da morte.

Finalmente, depois de nos instruir a pedir e liberar perdão, de acordo com a oração do Pai Nosso, Jesus nos ensina a orarmos por proteção. Nos Céus encontram-se exércitos de anjos prontos a nos ajudar em nossas lutas; basta uma ordem do Pai, e eles virão guerrear a favor de nós, que somos Seus filhos:

> **Não há necessidade alguma de tentar lutar sozinho ou viver de acordo com suas próprias forças.**

> Porque a seus anjos ele dará ordens a seu respeito, para que o protejam em todos os seus caminhos; com as mãos eles o segurarão, para que você não tropece em alguma pedra. (Salmos 91.11-12)

Portanto, entenda que não há necessidade alguma de tentar lutar sozinho ou viver de acordo com suas próprias forças. Ao longo de toda a oração do Pai Nosso, Cristo nos leva a expressarmos dependência e submissão total ao Senhor, e é justamente essa a marca de um verdadeiro cristão.

Se queremos aprender o que dizer em nossas orações a Deus, basta entendermos que isso é apenas uma expressão de nossa vida diante do Pai. Quanto mais caminhamos com Ele, buscando Seu coração de todas as formas possíveis, mais seremos cheios do Espírito de Deus, que nos guiará em toda a verdade, e irá nos orientar em como fazer orações que estão de acordo com a vontade do Pai.

ORE COMIGO

Senhor Deus, quero Lhe agradecer por ser um Pai tão cuidadoso, que não apenas nos aponta o caminho, mas nos ensina cada passo que devemos dar. Assim como Teu Filho Jesus nos ensinou, que em nossas orações Tu ocupes o centro.

Que a cada manhã, fim de tarde ou ao cair da noite, nosso clamor esteja alinhado com a Tua vontade, agradecendo desde o ar que respiramos até os maiores bens e projetos que o Senhor nos concedeu. Abra nossos olhos e ouvidos para contemplar e escutar as Tuas maravilhas, que se manifestam nos pequenos detalhes da vida e na grandeza da Tua criação. Ensina-nos a enxergar a beleza de tudo aquilo que Tua mão fez.

Faz de mim e de cada um que está fazendo esta oração agora um espelho que reflita a Tua bondade, não apenas nos momentos que passamos no secreto, mas em atitudes concretas. Seja perdoando, partindo o pão com o necessitado ou protegendo nossas famílias, que nossas ações sejam uma resposta àquilo que o Senhor tem revelado a nós a cada minuto. Em nome de Jesus, amém.

ANOTAÇÕES

Dia 6

QUAIS SÃO OS RESULTADOS DE UMA VIDA DE ORAÇÃO?

Com a participação de David Miranda Neto

A Bíblia conta a história de uma mulher chamada Ana, que era muito amada por Elcana, seu marido. Entretanto, ela não podia ter filhos e, como se isso não bastasse, zombavam de sua condição. Sua humilhação durou anos e anos, mas Ana persistia em oração, pedindo a Deus que concedesse um filho a ela. Mesmo assim, Penina, a segunda esposa de Elcana, continuava menosprezando-a, o que deixava Ana tão triste que acabou parando de comer. Por causa disso, Elcana vivia preocupado com ela, porém sem condições de ajudá-la.

Em uma das oportunidades que teve de ir a Siló, cidade em que se encontrava o templo, Ana estava muito amargurada e foi ao santuário chorar e orar ao Senhor:

> Certa vez quando terminou de comer e beber em Siló, estando o sacerdote Eli sentado

> **O primeiro resultado visível de sua oração foi a transformação em suas emoções.**

numa cadeira junto à entrada do santuário do Senhor, Ana se levantou e, com a alma amargurada, chorou muito e **orou ao Senhor**. (1 Samuel 1.9-10 – grifo do autor)

Na ocasião, Ana chorou muito diante do Senhor e fez um voto com Ele: se Deus permitisse a ela conceber um filho, livrando-a daquela humilhação, a criança seria consagrada a Ele (cf. 1 Samuel 1.11). Ana já havia se cansado daquela circunstância e sabia que somente um milagre poderia resolver sua situação de uma vez por todas.

Durante sua oração, o sacerdote Eli estava na porta do templo e observava tudo. Ao perceber que Ana não dizia nenhuma palavra, apenas mexia os lábios, ele pensou que ela estivesse embriagada e a repreendeu (cf. 1 Samuel 1.14). Ana agiu com humildade e explicou ao sacerdote o motivo de estar ali, que logo compreendeu tudo e abençoou-a. Ao retornar para casa, em seguida, sua feição já estava completamente diferente e ela até voltou a se alimentar. Com isso, podemos entender que o primeiro resultado visível de sua oração foi a transformação em suas emoções. Antes mesmo de receber do Senhor o que havia pedido, ela pôde se alegrar através da fé e confiança n'Ele:

> [...] Então ela seguiu seu caminho, comeu, **e seu rosto já não estava mais abatido**. (1 Samuel 1.18 - grifo do autor)

Muitas vezes, nos encontramos sem esperança; nós nos sentimos fracos e incapazes diante dos obstáculos de nossas vidas. Em momentos como esses, precisamos nos lembrar de que a realidade celestial é o que deve prevalecer em nossas mentes e corações. Afinal, quando nos encontramos em meio a alguma dificuldade, podemos tanto encará-la a partir de uma perspectiva humana, que é limitada, ou através do ponto de vista celestial, uma vez que temos total acesso a esse lugar. É o que a Palavra diz em Efésios 2.6-7:

> Deus nos ressuscitou com Cristo e **com ele nos fez assentar nos lugares celestiais em Cristo Jesus**, para mostrar, nas eras que hão de vir, a incomparável riqueza de sua graça, demonstrada em sua bondade para conosco em Cristo Jesus. (grifo do autor)

Uma vida de oração nos leva a entender que estamos assentados em regiões celestiais em Cristo, e passamos a enxergar como Ele vê. Desse modo, coisas impossíveis passam a ser totalmente viáveis. Ele faz com que a mulher estéril dê à luz filhos, faz o surdo ouvir, o cego enxergar e até o morto voltar a viver. O Senhor é capaz de transformar completamente toda e qualquer situação. Porém, tudo começa com uma mudança de nossa mentalidade, e esta, por sua vez, ocorre ao orarmos colocando nossas necessidades e anseios diante d'Ele.

Ana orou e logo foi encorajada; o Senhor renovou suas forças e sua esperança. Antes mesmo que ela pudesse ver seu milagre, Ele já estava realizando algo em seu coração, isto é, dando-lhe a paz que excede todo o entendimento e uma alegria que não dependia das circunstâncias. É justamente isso o que ocorre quando oramos depositando nossa confiança em Deus. Nesse sentido, Paulo nos orienta da seguinte maneira:

> Não andem ansiosos por coisa alguma, mas em tudo, **pela oração e súplicas, e com ação de graças, apresentem seus pedidos a Deus**. E a paz de Deus, que excede todo o entendimento, guardará os seus corações e as suas mentes em Cristo Jesus. (Filipenses 4.6-7 – grifo do autor)

Algum tempo depois de fazer sua prece e ser abençoada por Eli, o Senhor se lembrou de Ana e permitiu que ela engravidasse.

Além da restauração de sua alegria, Ele lhe concedeu o menino pelo qual orava, que recebeu o nome de Samuel, que significa "nome de Deus" ou "ouvir de Deus".[1] O filho que Ana pediu ao Senhor se tornou um grande profeta, que O ouvia e era o Seu porta-voz, e foi ele quem ungiu Davi como rei de Israel (cf. 1 Samuel 16.13).

> Não importa quão desafiadora seja a questão que estamos enfrentando, ao orarmos com fé, voltando nosso coração ao Senhor, é certo que Ele transformará nossa realidade.

Além do mais, algo incrível a respeito dessa história é que as bênçãos sobre a vida de Ana continuaram sendo abundantes, mesmo depois do nascimento de Samuel. Após conceber seu primeiro filho, ela foi presenteada pelo Senhor com mais crianças, provando ainda mais da Sua bondade:

> O Senhor foi bondoso com Ana; **ela engravidou e deu à luz três filhos e duas filhas**. Enquanto isso, o menino Samuel crescia na presença do Senhor. (1 Samuel 2.21 – grifo do autor)

Por meio dessa história, percebemos o valor e o poder que há quando alinhamos nossa perspectiva com a visão de Deus, pois, para Ele, nada é impossível (cf. Lucas 1.37). Não importa quão desafiadora seja a questão que estamos enfrentando, ao orarmos com fé, voltando nosso coração ao Senhor, é certo que Ele transformará nossa realidade. É possível que, a princípio, as circunstâncias permaneçam iguais; mas, uma vez que temos a visão de Deus sobre determinado assunto ou até a respeito de

---

[1] **Samuel**. Publicado por Bíblia.com.br. Disponível em *https://biblia.com.br/dicionario-biblico/s/samuel/*. Acesso em agosto de 2020.

nós mesmos, encontramos exatamente o que precisávamos para superar todas as dificuldades.

Observe, por exemplo, a vida de Daniel. Ele tinha uma alta posição no palácio do governo da Babilônia e era, inclusive, bastante estimado pelo rei. Porém, ele tinha um hábito que incomodava alguns outros administradores e funcionários da realeza: Daniel costumava orar três vezes ao dia, todos os dias. Esses opositores, então, decidiram armar contra a vida dele, fazendo com que o rei assinasse uma lei que proibia as pessoas de orarem a algum deus ou criatura que não fosse o próprio rei Dario. Aquele que não a cumprisse seria lançado em uma cova com leões famintos a fim de ser devorado. A reação de Daniel diante disso foi quase inacreditável:

> Quando Daniel soube que a lei tinha sido assinada, foi para casa e, **como de costume, ajoelhou-se no quarto** no andar de cima, com as janelas abertas na direção de Jerusalém. Orava três vezes por dia e dava graças a seu Deus. (Daniel 6.10 – NVT – grifo do autor)

Somente alguém que tem um verdadeiro estilo de vida de oração teria uma atitude tão corajosa, pois quem ora constantemente conhece o Senhor. Esse hábito já estava enraizado na vida de Daniel, e ele não deixaria seus momentos de intimidade com Deus por qualquer imposição. E nesse caso, quando sua vida estava comprometida por conta de uma lei injusta, o Senhor mais uma vez Se mostrou fiel.

Inicialmente, parecia que nada tinha mudado. A lei que o condenava à cova dos leões foi assinada, e logo o flagraram orando em seu quarto. Por isso, ele foi preso e, de fato, o jogaram na cova e a trancaram com Daniel e os leões vorazes lá dentro. Contudo, quando o rei foi verificar o que havia acontecido, na manhã seguinte, encontrou-o são e salvo, sem nenhum ferimento.

> O meu Deus enviou o seu anjo, que fechou a boca dos leões. Eles não me fizeram mal algum, pois fui considerado inocente à vista de Deus. Também contra ti não cometi mal algum, ó rei. (Daniel 6.22)

Não pense que isso aconteceu porque os leões estavam bem alimentados e satisfeitos, pois, logo depois que o rei encontrou Daniel vivo e pôde testemunhar o poder do único e verdadeiro Deus, ordenou que os acusadores daquele jovem fossem lançados na mesma cova junto com suas famílias. A Bíblia relata que, antes mesmo de chegarem ao fundo da cova, já haviam sido despedaçados.

> O rei muito se alegrou e ordenou que tirassem Daniel da cova. Quando o tiraram da cova, viram que não havia nele nenhum ferimento, pois ele tinha confiado no seu Deus. E por ordem do rei, os homens que tinham acusado Daniel foram atirados na cova dos leões, juntamente com as suas mulheres e os seus filhos. E, antes de chegarem ao fundo, os leões os atacaram e despedaçaram todos os seus ossos. (Daniel 6.23-24)

Quem ora tem uma vida repleta de milagres, pois é levado a viver em dependência do Senhor. O posicionamento de Daniel não só garantiu o livramento pela mão do Senhor, mas fez com que ele fosse reconhecido como um homem justo, que servia ao Deus Vivo (cf. Daniel 6. 25-28).

> **O posicionamento de Daniel não só garantiu o livramento pela mão do Senhor, mas fez com que ele fosse reconhecido como um homem justo, que servia ao Deus Vivo.**

A oração nos aproxima do coração do Pai, traz mudança em nossa mentalidade e faz o impossível acontecer. Não é uma opção, mas, literalmente, uma necessidade de todo cristão. Portanto, acredite no poder da oração, afinal, a Palavra nos garante que: "[...] a oração de um justo é poderosa e eficaz" (Tiago 5.16).

Tendo essa verdade em mente, que a sua atitude imediata diante de seus conflitos seja sempre dobrar os joelhos, abrir o coração e os ouvidos para o Senhor, confiando que somente Ele é seu refúgio e salvação.

ORE COMIGO

Pai, muito obrigado por todos os incentivos e demonstrações que me impulsionam a cada dia querer mais da Tua presença e Te buscar em oração. Assim como os vários exemplos que conhecemos testificam, tanto do passado como da atualidade, o Senhor permanece fiel ao Seu povo, abençoando-nos em todo o tempo e garantindo o livramento no momento exato.

Que a cada oportunidade que tiver, eu possa guardar meu bom depósito em Ti, confiando que o Senhor tem ouvido cada uma das minhas preces e recolhido em seus odres todas as minhas lágrimas. Que o meu coração esteja em paz e descansando na verdade da Tua Palavra, que não falha.

Repreendo, desde já, toda voz contrária a essa realidade sobrenatural, declarando com fé que o Senhor dará o escape e a estratégia necessária em cada situação. Abra os meus olhos para que eu contemple os Teus anjos e o Senhor lutando em meu favor a todo instante, e que essa certeza seja o combustível para que eu avance com ousadia mais uma vez. Em nome de Jesus, amém.

ANOTAÇÕES

Dia 7

COMO TER UMA VIDA DE ORAÇÃO QUE GERA RESULTADO?

Com a participação de Pablo Marçal

Depois de ver exemplos marcantes de pessoas que oraram e viveram grandes milagres, como Ana, uma mulher estéril que gerou filhos; e Daniel, que foi lançado em uma cova de leões, mas permaneceu intocado, é provável que você esteja bastante intrigado para saber como ter uma vida de oração efetiva. É simples: ao orarmos, saímos de uma perspectiva exclusivamente humana e nos posicionamos de acordo com a realidade dos Céus por meio da nossa fé.

A respeito disso, primeiramente, devemos entender que a oração é a potencialização do mundo espiritual na Terra. De uma perspectiva científica, em nosso cérebro temos o córtex visual[1], que registra nossas memórias, e o córtex pré-frontal[2], que é o "editor responsável por montar as imagens",

---

[1] **Um jogo de montar, a visão.** Superinteressante. Publicado em 1º de junho de 1998, atualizado em 31 de outubro de 2016. Disponível em *https://super.abril.com.br/saude/um-jogo-de-montar-a-visao/*. Acesso em julho de 2020.

[2] **O que se passa no nosso córtex pré-frontal?**. Oficina de Psicologia. Publicado em 6 de junho de 2014. Disponível em: *https://www.oficinadepsicologia.com/no-cortex-pre-frontal/*. Acesso em julho de 2020.

criando cenas. Se você orar usando o córtex visual, ou seja, olhando para suas experiências vividas, sua oração não terá efeito, pois desse modo seu cérebro está apontando para o passado. Mas quando você começa a construir cenas, sua mente é aberta para receber o que vem do Alto. E quando Deus dá a visão, dá também a provisão: tudo o que promete, Ele viabiliza meios para que seja realizado.

Portanto, quando você for fazer algo, entenda qual é o comando do Céu e sinta em seu espírito. Deus responde a nossa oração falando diretamente ao nosso coração, pois nele estão as fontes da vida, como está escrito: "[...] guarde o seu coração, pois dele depende toda a sua vida" (Provérbios 4.23). No entanto, você poderia questionar: "O coração não é enganoso?". Sim, nele podem habitar vários sentimentos, como a mágoa, o rancor e a amargura, que o contaminam. Mas, quando recebemos a Cristo, Ele nos faz limpos por inteiro e nos ensina a sermos guiados por Sua Palavra, e não por sensações ou circunstâncias:

> Pois se vocês viverem de acordo com a carne, morrerão; mas, se pelo Espírito fizerem morrer os atos do corpo, viverão, **porque todos os que são guiados pelo Espírito de Deus são filhos de Deus**. Pois vocês não receberam um espírito que os escravize para novamente temer, mas receberam o Espírito que os adota como filhos, por meio do qual clamamos: "Aba, Pai". (Romanos 8.13-15 – grifo do autor)

A partir dessa compreensão, o próximo passo é entender que nada é impossível ao que crê, é isso que a Bíblia diz em Marcos 9.23. Sendo assim, quando você ora sem motivação e fé, deixando

> **Deus responde a nossa oração falando diretamente ao nosso coração.**

de contemplar o milagre diante dos seus olhos, esse pedido não só estará travado como também não terá espaço para realmente acontecer. O segredo é não duvidar, e nunca responder às suas condições externas – o que as circunstâncias, pessoas de fora ou nossas emoções estão dizendo –, mas, sim, às palavras de Deus e à decisão de nos mantermos firmes diante do que o Senhor nos revelou. Afinal, se você se permitir ser moldado por sentimentos e situações, terá sua visão embaçada e, automaticamente, viverá baseado nisso, em vez de focar suas energias em crer nas verdades de Deus e declará-las, para, assim, construir novas realidades aqui na Terra. Por isso, é tão importante crermos e agirmos em concordância com a fé que professamos. A Bíblia é clara quando diz que sem fé é impossível agradar a Deus. E se a "[...] fé é a certeza daquilo que esperamos e a prova das coisas que não vemos" (Hebreus 11.1), então, não há como ter fé sem antes visualizarmos e vislumbrarmos no espírito.

O segredo é visualizar: em sua oração, você precisa ver aquela cena – de cura, provisão ou qualquer que seja o milagre – acontecendo. Eu visualizo, conecto-me com a vontade de Deus e creio que Ele fará o melhor, independentemente se o resultado for aquele que eu espero ou não, pois confio que os Seus pensamentos para mim e meu futuro são melhores do que os meus próprios.

Certa vez, conversando com o Pablo, ele me contou a seguinte história, que me marcou muito:

> Um exemplo prático a respeito de orar com fé e visualizar o milagre ocorreu quando meu filho mais novo, Miguel, foi internado. Dos meus três filhos, dois tiveram de ser tratados na UTI, e o último apresentou um estado bem agravado de saúde. Seus braços e sua boca ficaram escuros, e diante disso minha esposa chegou a pensar que ele iria morrer em seus braços. Foi terrível, nem as enfermeiras sabiam o que fazer.

Contudo, com a graça de Deus, eu consegui permanecer calmo. Então falei: "Carol, visualiza ele grande, veja um homem forte com sua esposa". Passei essa cena para minha esposa, até que ela começou a ver também. Foi quando eu disse: "Pronto, ele não vai morrer!". Através daquele exercício, recebemos a paz que excede todo o entendimento. Eu via o espírito da morte passando no quarto, mas orava em línguas, como um general metralhando o mundo espiritual. As enfermeiras estranhavam isso e perguntavam se eu estava bem, pois me viam orando em línguas em voz alta. Enquanto isso, eu visualizava meu filho como um homem grande. Além disso, confrontei o espírito da morte, declarando que eu tinha o Espírito da vida, fiz isso com bastante temor do Senhor, crendo em Seu poder. No fim, para encurtar a história, meu filho Miguel passou apenas um dia na UTI.

Esse testemunho evidencia a guerra que acontece no âmbito espiritual e é manifesta em situações que, para aqueles que não têm discernimento, poderiam ser consideradas fatalidades e até ser dadas por vencidas. Contudo, uma vez que entendemos quem são nossos reais inimigos e reconhecemos a atuação de seres espirituais, podemos também vencê-los pela autoridade de Cristo:

> **Nossas armas não são naturais.**

> Finalmente, fortaleçam-se no Senhor e no seu forte poder. Vistam toda a armadura de Deus, para poderem ficar firmes contra as ciladas do diabo, **pois a nossa luta não é contra pessoas,** mas contra os poderes e autoridades, contra os dominadores deste mundo de trevas, **contra as forças espirituais do mal nas regiões celestiais.** (Efésios 6.10-12 – grifo do autor)

Dentro disso, vale lembrar que, da mesma forma, nossas armas não são naturais. Uma vez que essa verdade prevalece em nossos corações e mentes, podemos nos levantar como um exército preparado para a batalha, com a armadura completa de Deus, como Paulo descreve em Efésios 6:

> Por isso, **vistam toda a armadura** de Deus, para que possam resistir no dia mau e permanecer inabaláveis, depois de terem feito tudo. Assim, mantenham-se firmes, cingindo-se com o cinto da **verdade**, vestindo a couraça da **justiça** e tendo os pés calçados com a prontidão do **evangelho da paz**. Além disso, usem o escudo da **fé**, com o qual vocês poderão apagar todas as setas inflamadas do Maligno. Usem o capacete da **salvação** e a espada do **Espírito**, que é a palavra de Deus. **Orem no Espírito em todas as ocasiões**, com toda oração e súplica; tendo isso em mente, estejam atentos e **perseverem na oração** por todos os santos. (Efésios 6.13-18 – grifo do autor)

A primeira peça dessa armadura consiste no cinto da verdade. Essa é a base de tudo, pois diz respeito à voz do Senhor. Em meio a tantas narrativas diferentes que poderíamos aceitar para nossa realidade, escolhemos aquela que o Espírito de Deus revela para nós. Somente assim poderemos crer nas promessas e, consequentemente, nos milagres que Ele irá realizar a partir de nossa oração e posicionamento em concordância com Suas palavras.

Logo depois, a Palavra fala a respeito da couraça da justiça. Ao vesti-la, recebemos proteção divina sobre áreas vitais. Ou seja, pelo poder do Espírito Santo, que atua em nós, somos capazes de permanecer com nossa mente e coração voltados a Cristo, sem nos conformarmos com aquilo que não está alinhado ao padrão celestial.

> Não se amoldem ao padrão deste mundo, mas transformem-se pela renovação da sua mente, para que sejam capazes de experimentar e

> **Se confiamos n'Ele, consequentemente obedecemos a Sua direção, mesmo que isso pareça loucura de uma perspectiva natural.**

comprovar a boa, agradável e perfeita vontade de Deus. (Romanos 12.2)

Colocamos também as sandálias do Evangelho da paz, o terceiro item da armadura de Deus. São esses "calçados" que nos mantêm firmes diante de situações que parecem impossíveis. Em Filipenses 4.7, a Palavra fala sobre a paz sobrenatural, à qual temos acesso através de Jesus: "E a paz de Deus, que excede todo o entendimento, guardará os seus corações e as suas mentes em Cristo Jesus". Somente a partir da renovação de nossa mente, de acordo com as verdades do Pai e a libertação que o sangue de Cristo nos trouxe, poderemos permanecer inabaláveis diante dos ataques do Inimigo da nossa alma.

Depois de vestirmos o cinto da verdade, a couraça da justiça e os sapatos do Evangelho da paz, devemos ter em mãos o escudo da fé, que é justamente o que nos faz ir adiante e agir a partir de tudo aquilo que acreditamos. Ou seja, é a expressão de nossa confiança em todas as verdades do mundo espiritual que consideramos até então.

Veja o exemplo de Davi. Depois de sofrer um ataque de seus inimigos, que levaram cativas suas mulheres e seus filhos, além de todos os seus soldados, ele se encontrava em uma situação bem complicada. Contudo, encontrou no Senhor o que precisava para estar firme e ir à luta.

> Davi ficou profundamente angustiado, pois os homens falavam em apedrejá-lo; todos estavam amargurados por causa de seus filhos e suas filhas. Davi, porém, fortaleceu-se no Senhor seu Deus. Então Davi disse ao sacerdote Abiatar, filho de Aimeleque: "Traga-me o colete sacerdotal".

> Abiatar o trouxe a Davi, e ele perguntou ao Senhor: "Devo perseguir este bando de invasores? Irei alcançá-los?". E o Senhor respondeu: "Persiga-os; é certo que você os alcançará e conseguirá libertar os prisioneiros". Davi e os seiscentos homens que estavam com ele foram ao ribeiro de Besor, onde ficaram alguns. (1 Samuel 30.6-9)

Nossa fé não deve estar em quão favoráveis são as condições que temos, mas em Deus, que pode todas as coisas. Se confiamos n'Ele, consequentemente obedecemos a Sua direção, mesmo que isso pareça loucura de uma perspectiva natural. Para isso, o capacete da salvação protegerá nossos pensamentos, mantendo-os alinhados com o que ouvimos do Senhor. Foi o que Davi fez: depois de ouvir a direção divina, saiu imediatamente para a batalha, essa atitude demonstra confiança nas palavras d'Ele. Afinal, se Deus lhe garantiu que teriam vitória, e essa verdade estava firme em sua mente, não teria motivo para não ir adiante.

> Bendito seja o Deus e Pai de nosso Senhor Jesus Cristo, que nos abençoou com todas as bênçãos espirituais nas regiões celestiais em Cristo. (Efésios 1.3)

Por fim, a Palavra de Deus, nossa única arma ofensiva, é mais do que suficiente para derrotar o inimigo. Foi assim que Jesus o venceu quando foi tentado no deserto, declarando o que já estava escrito: as verdades eternas. Ele reconhecia a supremacia das Escrituras e o poder de liberá-las diante das situações mais desafiadoras.

> Mas, em todas estas coisas somos mais que vencedores, por meio daquele que nos amou. (Romanos 8.37)

Essa armadura é indispensável.

Essa armadura é indispensável, todos os dias podemos vesti-la, preparando-nos para as batalhas que não serão reconhecidas por nossa visão natural, mas através do espírito. Quanto maior for o nosso nível de consciência dessa e de tantas outras ferramentas espirituais que o Senhor nos concede, mais veremos resultados por meio de nossas orações!

ORE COMIGO

Pai, cremos que o Senhor chamou a cada um de nós como generais de guerra para travar batalhas espirituais. Pedimos por um ânimo novo, já que fomos alertados de que teríamos aflições, como Tua Palavra diz em João 16.33: "[...] Neste mundo vocês terão aflições; contudo, tenham ânimo! Eu venci o mundo". Cremos na vitória através de Cristo, que já venceu mundo e hoje habita em nós.

Que o Senhor nos fortaleça e nos dê coragem para não olharmos para trás nem pararmos no meio do caminho. Acessamos, neste momento, curas, portas abertas, inteligência, sabedoria do Reino celestial, restauração de famílias e todas as bênçãos do Alto, uma vez que temos acesso ao Seu trono.

Clamamos ainda para que possamos crescer em graça, sabedoria e entendimento, e, assim, trazer o Reino dos Céus para a Terra. Em nome de Jesus, amém.

ANOTAÇÕES

Parte 2

DESPERTAMENTO

Dia 8

O QUE É AVIVAMENTO?

Com a participação de Luca Martini

Dizem que, quando estamos correndo perigo, vemos toda a história de nossas vidas passar em nossa cabeça como um filme. Porém, a verdade é que, todos os dias, encaramos a morte e nem percebemos. Somos rodeados por diversas circunstâncias que nos colocam em grande perigo e, muitas vezes, essas ameaças são extremamente sutis. Talvez não demos tanta importância para isso, porque já virou algo comum. Afinal, sabemos que a morte é o fim natural da vida e aprendemos a lidar com ela. Porém, tudo muda quando nos deparamos com a verdade do Evangelho.

> Ou estamos do lado da vida eterna com Cristo ou do pecado, que nos leva à morte. Não existe meio termo.

E conhecerão a Verdade, e a verdade os libertará. (João 8.32)

Primeiramente, conhecemos o Evangelho da Salvação, isto é, que Cristo entregou Sua vida na cruz para que fôssemos redimidos e libertos de nossos pecados e, assim, pudéssemos experimentar a vida eterna. Ao sermos impactados por essa mensagem tão libertadora, somos constrangidos pelo amor de Deus e confrontados por Sua verdade, o que, automaticamente, nos leva a reconhecer nossas falhas, nos arrepender e nos render a Ele.

A partir do momento que somos quebrantados e reconhecemos a necessidade da redenção, damos mais um passo em direção ao Pai, entregando nossas vidas ao Senhor por completo, assim como Ele fez por nós:

> Se vivemos, vivemos para o Senhor; e, se morremos, morremos para o Senhor. Assim, quer vivamos, quer morramos, pertencemos ao Senhor. (Romanos 14.8)

As Boas Novas representam uma porta de entrada para o Reino de Deus, e, ao passarmos por ela, iniciamos um lindo processo de transformação, que modifica não apenas nosso caráter, mas nos apresenta a identidade de filhos de Deus e participantes da Sua obra na Terra. Aos poucos, tomamos consciência da batalha que devemos travar todos os dias, buscando a santificação e mantendo um testemunho que honre a confiança que em nós foi depositada. É nesse momento que entramos em guerra, não somente contra a carne e o pecado, mas contra tudo aquilo que se opõe à cultura do

> **A chave para que sejamos vitoriosos em cada degrau dessa escalada é sermos obedientes.**

Céu. Dessa forma, precisamos nos posicionar: ou estamos do lado da vida eterna com Cristo ou do pecado, que nos leva à morte. Não existe meio termo.

Esse, contudo, é apenas o início do cumprimento do propósito de Deus para as nossas vidas. Ele nos criou para uma vida plena, e só iremos desfrutá-la da melhor maneira possível quando nos submetermos a todos os Seus processos. Você já deve ter percebido como a caminhada cristã segue uma lógica celestial, que depende de nossa disposição em dar um passo de cada vez, sem pular nenhuma etapa. Para tanto, não existe fórmula mágica; a chave para que sejamos vitoriosos em cada degrau dessa escalada é sermos obedientes. Sob a perspectiva de Cristo, obedecer significa tomar nossa cruz e segui-lO, como Ele disse aos discípulos em Mateus 10.18. O significado de levar a cruz é abandonarmos a nós mesmos e nos tornarmos cada vez mais semelhantes a Ele, assumindo nossa identidade de filhos amados de Deus.

Até aqui, tudo parece muito simples e, provavelmente, se você já está na Igreja há algum tempo, nada disso é uma novidade. No entanto, a beleza dos planos de Deus não está restrita àquilo que podemos contemplar na teoria, e, sim, quando partimos para a aplicação. Afinal, temas, como amor, salvação e vida eterna são comuns nos dias de hoje, mesmo em rodas de debate fora das quatro paredes de uma igreja. Com certeza, em algum momento de sua vida, você já deve ter se pegado discutindo alguma pauta bíblica com algum amigo que não possui a mesma fé que você.

Logo, chegamos à pergunta que todo cristão já fez ou, um dia, fará: "O que eu faço com tudo isso?". Sabemos que Cristo morreu por nós, fomos resgatados do lamaçal do pecado, nossas vidas foram transformadas da água para o vinho, mas o que vem depois? Será que toda essa obra protagonizada pelo Mestre e perpetuada pela pregação do Evangelho, por meio dos Seus discípulos e pelas manifestações sobrenaturais do Espírito Santo, termina aí? É óbvio que não!

Até porque a realidade de que muitos de nós desfrutamos não é a mesma com a qual grande parte do mundo convive diariamente. Sendo assim, chegamos a um denominador comum: algo tem de ser feito. É incrível como dentro de nós, ainda que sutilmente, sempre existirá um grito por uma transformação radical, rompendo com todo império maligno que governa tantas pessoas.

Quando se trata, em especial, da realidade brasileira, como Igreja, temos sentido cada vez mais uma urgência por esse propósito. Nosso país, a cada ano que passa, tem afundado num estado de trevas e sido completamente tomado pelo pecado. E este tem adentrado aspectos da cultura ou mesmo comportamentais, levando em conta os reflexos de anos de corrupção e a decadência moral e ética que nos assola. Em outras palavras, com uma realidade como essa, somada à presença de pessoas inconformadas com essa situação e que clamam pela intervenção divina, temos o espaço perfeito para a manifestação de um avivamento.

Pode não parecer, mas quando todos os sinais surgirem de forma tão evidente como essa, temos os primeiros indícios de que esse acontecimento singular não está distante. Um marco histórico que só ocorre de tempos em tempos e não segue nenhuma lógica humana ou calendário, mas parte de um desejo que nasceu no coração de Deus.

De uns tempos para cá, essa tem sido uma pauta cada vez mais frequente na Igreja do Brasil. Desde as canções que entoamos até o foco de grandes eventos, todos, em alguma escala, têm-se voltado a esse discurso, porém, mesmo com tanta ênfase, ainda pairam muitas dúvidas na cabeça de várias pessoas. Dependendo do meio onde você está inserido, talvez tenha entendido erroneamente que avivamento seja sinônimo de manifestações sobrenaturais, como em reuniões em que pessoas são impactas, até mesmo fisicamente, pelo poder do Espírito Santo. Entretanto, devo lhe dizer que avivamento não é isso, pelo menos, não em sua total amplitude.

Portanto, a primeira coisa que você deve compreender sobre esse tema é que o avivamento é a necessidade de que o Reino de Deus invada plenamente todas as esferas, começando pelo nosso ser e se ampliando desde a Igreja até toda a sociedade. Logo, devemos desvincular nossas impressões sobre o avivamento como um conjunto de sensações, e entender que ele é um impacto que vai além do âmbito emocional e modifica tudo o que está à nossa volta, pautado sempre no padrão do Céu, transformando nosso cotidiano até nos menores detalhes.

Apesar de serem acontecimentos únicos, existe um padrão que rege todos os avivamentos na História. A respeito disso, em seu livro Avivamento Sustentável, Eduardo Nunes afirma:

> Ao longo da História, o avivamento sempre surgiu quando homens comuns foram batizados com o desespero de trazer a realidade dos Céus para Terra, mudando, com isso, a sociedade e trazendo a revelação de que o homem precisa de um salvador: Jesus Cristo![1]

Logo, mesmo que um avivamento não possa ser previsto e que não exista uma "receita de bolo" para que ele aconteça, sempre haverá sinais claros de que ele está se aproximando, composto por três fases. Sempre que Jesus ensinava Seus discípulos acerca daquilo que representava a vinda do Reino de Deus, Ele não a restringia a uma cura, visão celestial ou conversão de algum pecador. Na verdade, o que ficava claro em Sua pregação – e

---

[1] NUNES, Eduardo. **Avivamento sustentável**. São Paulo: Quatro Ventos, 2018.

que para nós, hoje, define o avivamento – é que seu desenvolvimento se dá por meio de ações dirigidas totalmente pelo Espírito Santo, afetando tudo o que compõe nossa realidade. De maneira geral, e analisando os diversos exemplos ao longo da história da Igreja, todo avivamento obedece às seguintes etapas: 1) o despertar da Igreja; 2) uma grande colheita de almas; e 3) uma profunda transformação social através do discipulado de nações.

> **Ao falarmos de avivamento, no entanto, muitos têm a impressão de que se trata somente de um evento.**

Inclusive, se você é membro de alguma denominação há mais de dez anos, deve ter escutado homens e mulheres de Deus profetizando coisas grandiosas a respeito de nossa nação, talvez anos, décadas atrás. Isso tudo é parte do que consideramos como o avivamento se manifestando no Brasil.

A base para essa compreensão está no fato de que existem diversos relatos históricos de grandes transformações, avivamentos que vieram em momentos estratégicos, quando homens cheios do Espírito Santo foram levantados para transformar os lugares por onde passavam. Todavia, isso nunca acontecia sem que antes cada uma dessas fases se concretizasse, dando sequência às próximas.

No ano de 1971, em uma de suas cruzadas evangelísticas em Dallas, nos Estados Unidos, Billy Graham disse:

> O maior milagre de todos foi o maior avivamento na história do mundo. Quando uma das maiores cidades do mundo se voltou, do rei para baixo, a Deus, com arrependimento dos seus pecados e com fé em Deus.[2]

---

[2] GRAHAM, Billy. **The greatest revival in history**. Dallas, Texas (EUA), 1971. Disponível em *https://www.youtube.com/watch?v=6HspnkkG680*. Acesso em agosto de 2020.

Aqui, Billy Graham estava falando de Nínive, uma cidade cuja população vivia em pecado. Como nos tempos de hoje, era tanta idolatria, promiscuidade e corrupção, que Deus iria impor julgamento sobre ela. Por conta do estilo de vida que eles levavam, a morte, consequência natural do pecado, era iminente. O Senhor, então, enviou Jonas para ir até lá e pregar para que aquele povo se convertesse de seus maus caminhos. O profeta havia recebido a difícil tarefa de transmitir uma palavra dura para a população de Nínive, que andava totalmente fora dos caminhos de Deus. A princípio, ele se recusou a obedecer e tentou fugir, mas Deus não desistiu até que a Sua vontade fosse feita.

Por essa razão, Ele tratou o coração de Jonas dentro do ventre de um grande peixe (cf. Jonas 2), para que o profeta voltasse e testemunhasse ao povo do lugar aonde o Senhor o havia enviado. É provável que a própria experiência do jovem o tenha impulsionado, por fim, a obedecer, algo que ele já deveria ter feito logo de início, sem questionar. Deus age da mesma forma conosco, Ele nos convoca a cumprirmos o "ide" de Mateus 28, pregando o Evangelho a todo o mundo para que as nações sejam batizadas no Espírito Santo. Só que, para que o Universo experimente a presença viva de Deus através de nós, precisamos adotar uma postura de humildade e deixar que Ele promova uma reforma intensa, primeiramente, em nosso coração.

Ao falarmos de avivamento, no entanto, muitos têm a impressão de que se trata somente de um evento, um grande rebuliço no qual milhões de pessoas reunidas choram, tremem debaixo do poder de Deus e falam em línguas. Mas, na verdade, vai muito além disso. O avivamento genuíno surge quando, em determinados momentos e épocas, o povo de Deus se volta para Ele, como a cidade de Nínive, mencionada no livro de Jonas, sobre a qual o evangelista Billy Graham pregou.

Observe, por exemplo, o avivamento de Gales. Mesmo com um curto período de duração, foi um dos moveres de Deus mais marcantes da História. Em menos de um ano, todo o país de Gales foi transformado, sendo que mais de cem mil pessoas entregaram suas vidas a Cristo. Tudo começou com um jovem de vinte e seis anos de idade, chamado Evan Roberts. Ele conta que, quando tinha seus treze anos, juntou-se a outros irmãos para orar por um avivamento.

Algumas pessoas dizem que Evan Roberts não faltava a nenhuma das reuniões de oração em sua igreja, pois certo dia um diácono lhe disse: "Não falte, porque algum dia, em uma dessas reuniões, o Espírito Santo será derramado". De modo que, por treze anos, ele permaneceu se unindo ao grupo em oração, crendo que o Senhor traria avivamento.

Essa deve ser a nossa expectativa também, que o Reino de Deus invada a Terra e as Boas Novas sejam anunciadas pelos quatro cantos do mundo. Não podemos deixar o nosso coração esfriar diante disso, nem nos afastarmos da presença de Deus ou pararmos de buscá-lO.

O avivamento de Gales ganhou notoriedade no mundo porque, passados seis anos de seu acontecimento, mais de 80% das pessoas continuavam congregando nas igrejas, revelando que as suas conversões foram reais. Além do mais, não abrangia apenas uma cidade, mas um país inteiro. Uma nação que havia se convertido a Cristo. A única busca dos corações das pessoas era pelo Senhor, as reuniões de oração começaram a ficar cada vez mais cheias.[3]

Relata-se que as pessoas entravam nos bares, pediam alguma bebida, mas, antes mesmo de pegarem no copo, deixavam aquele

---

[3] DEMOSS, Nancy; SMITH, Maurice. **O avivamento do País de Gales**. Parte II: Deus prepara um instrumento (p.5 a 10). Disponível em: *https://kupdf.net/download/o-avivamento-do-pais-de-galesdocx_5afe2caae2b6f55237eae65c_pdf*. Acesso em agosto de 2020.

ambiente convencidas por Deus de seu pecado. As principais práticas desse avivamento foram a confissão, o arrependimento e o abandono de todo pecado, e a proclamação aberta de Cristo. Esse avivamento ocorreu em 1904, e foi a partir dele que o envio missionário para o mundo todo se iniciou. Jovens de diferentes nações se entregaram para cumprir o comissionamento feito por Jesus a todos nós em Marcos 16.15:

> E disse-lhes: "Vão pelo mundo todo e preguem o evangelho a todas as pessoas".

> **O avivamento genuíno surge quando, em determinados momentos e épocas, o povo de Deus se volta para Ele.**

Para participarmos disso, não necessitamos ser pessoas superdotadas, extremamente inteligentes e perfeitas. Muito pelo contrário, pelo que vemos na própria Bíblia, na maioria das vezes, o Senhor escolhe pessoas que estão à margem da sociedade para revelar o Seu poder e resgatar o povo perdido. A maior parte dos discípulos de Jesus eram pescadores simples, gente que, provavelmente, mal sabia ler e escrever. Mesmo assim, eles foram os maiores precursores do Evangelho daquele tempo e, por meio deles, milhões de pessoas no mundo inteiro tiveram acesso à Verdade da salvação.

Assim como os apóstolos, nós também recebemos o chamado de continuar as obras de Jesus a fim de implantar o Seu Reino. Adiante de nós, porém, há ainda uma longa batalha a ser travada, e precisamos ter as armas necessárias para combater, sendo forjados pelo Espírito com a armadura citada em Efésios 6.10-18. E não é à toa que essa passagem bíblica termina com a seguinte declaração de Paulo à igreja de Éfeso:

Orem no Espírito em todas as ocasiões, com toda oração e súplica; tendo isso em mente, estejam atentos e perseverem na oração por todos os santos. (Efésios 6.18)

A batalha já foi vencida por Jesus, e nós sabemos disso. Mas, todos os dias, diante dos diversos problemas que enfrentamos, somos desafiados a viver em fé e oração, em uma busca constante pela presença de Deus. É justamente esse o avivamento de que precisamos diariamente. Depois de estarmos convictos de Seus ensinamentos e queimarmos com o anseio de que o Evangelho chegue a todo o mundo, nossa função é agir. Quando compreendemos que tudo o que fazemos coopera para a glorificação do nome do Senhor, percebemos que até as ações mais simples influenciam diretamente nesse mesmo propósito.

> **Somos desafiados a viver em fé e oração, em uma busca constante pela presença de Deus.**

Dessa forma, devemos cooperar para que o Reino de Deus seja expandido, independentemente da esfera [área] da sociedade em que estivermos posicionados. De alguma maneira, o Senhor nos dará meios de resplandecer o padrão celestial em nossas vidas, seja pelo trabalho que efetuamos ou pelo jeito como nos comportamos. A influência dos agentes do Reino em todas as camadas possíveis já começou, e eu e você também temos a oportunidade de contribuir para que a Terra seja inundada pela realidade dos Céus!

ORE COMIGO

Senhor Deus, entramos em Tua presença através do sangue precioso de Jesus. Clamamos pelo mover do Teu Espírito Santo em nosso meio, e dispomos nossas vidas a Ti. Queremos fazer parte da manifestação do Teu Reino nesta Terra.

Desperte em nós um desejo ardente por avivamento, e que isso seja mais forte do que o amor à nossa própria vida. Assim, não desperdiçaremos mais tempo algum, e nosso coração será totalmente voltado a Ti e ao cumprimento dos Teus propósitos.

Que o Senhor abra nossos olhos e nosso coração para o que está por vir. Encha-nos com Teu fogo santo, com um anseio de ver a manifestação do Teu poder em nossas vidas e em toda a nossa geração. Em nome de Jesus, amém.

ANOTAÇÕES

Dia 9

O QUE A ORAÇÃO TEM A VER COM O AVIVAMENTO?

Com a participação do pastor Eduardo Nunes

O reinado de Acabe em Israel, com toda certeza, é um dos mais lembrados do Antigo Testamento. No entanto, Acabe poderia ter marcado seu nome na História como um governante bondoso e temente a Deus, mas foi graças ao seu casamento com a rainha Jezabel e à construção de templos e altares a deuses estranhos que seu legado tomou um rumo diferente. Não apenas isso, mas a Palavra nos diz que esse rei fez "o que o Senhor reprova, mais do que qualquer outro antes dele" (1 Reis 16.30).

Na época, com o contexto caótico daquela nação, o profeta Elias era uma das vozes que o Senhor mais utilizava para transmitir seus juízos e insatisfações com o que acontecia. Em certa ocasião, na presença do rei Acabe, ele profetizou: "[...] Juro pelo nome do Senhor, o Deus

> O mover profético anda paralelamente ao mover de intercessão.

de Israel, a quem sirvo, que não cairá orvalho nem chuva nos anos seguintes, exceto mediante a minha palavra" (1 Reis 17.1). Depois dessas palavras, Israel passou por um período de seca que durou mais de três anos. Mesmo assim, o Senhor sustentou Elias durante todo esse tempo (cf. v. 9), e foi por intermédio dele que o retorno da chuva também foi anunciado:

> Depois de um longo tempo, no terceiro ano da seca, a palavra do Senhor veio a Elias: "Vá apresentar-se a Acabe, pois enviarei chuva sobre a terra". (1 Reis 18.1)

É interessante como todas as vezes em que a temporada está prestes a mudar, Deus avisa aos profetas, como a Palavra diz em Amós 3.7: "Certamente o Senhor, o Soberano, não faz coisa alguma sem revelar o seu plano aos seus servos, os profetas". Porém, antes de profetizar, Elias subiu ao monte Carmelo, e as Escrituras relatam que ele colocou o rosto entre os joelhos em posição de oração (cf. v. 42). Isso revela algo essencial para nós: o mover profético anda paralelamente ao mover de intercessão. Não é à toa que Deus está despertando um exército de oração neste exato momento.

Afinal, a profecia sem oração é como uma semente plantada no deserto. Ou seja, sem intimidade com Deus, Suas palavras não terão efeito em nossas vidas. Por outro lado, quando há profecia e oração ao mesmo tempo, podemos contemplar grandes moveres da parte do Senhor, como vimos anteriormente o que aconteceu por meio de Elias. Deus fez com que a chuva parasse por três anos e abriu os céus para que voltasse a chover no tempo em que Ele determinou.

> **A profecia sem oração é como uma semente plantada no deserto.**

Outro acontecimento que se deu a partir de uma palavra do Senhor, em resposta à oração, foi o primeiro e grande avivamento da História, que ocorreu na Igreja primitiva depois da ressurreição de Cristo e de Sua ascensão. Jesus havia dito: "[...] Ficai, porém, na cidade de Jerusalém, até que do alto sejais revestidos de poder" (Lucas 24.49 – ACF). Depois disso, quando Cristo ascendeu aos Céus, os discípulos não ficaram de braços cruzados esperando que algo acontecesse. Em vez disso, eles foram orar. Em Atos 1.14, a Palavra diz: "Todos eles se reuniam sempre em oração [...]", eles perseveraram buscando ao Senhor até que, de repente, veio do Céu o som de um vento veemente e impetuoso, e o Espírito Santo desceu sobre aquele povo unido, conforme está descrito em Atos 2.

A verdade é que a perseverança em oração prepara o "de repente" de Deus. Certa vez, ouvi alguém mencionar uma entrevista com Billy Graham, em que lhe perguntaram: "Como você se prepara para uma cruzada?", e ele respondeu: "Com três elementos: oração, oração e oração". Essa é uma prática tão importante que outro grande homem de Deus, o renomado pregador batista, Charles Spurgeon, disse:

> A oração é o balbuciar do crente pueril, o grito do crente guerreiro, o réquiem de morte do santo adormecendo em Jesus; é a respiração, a palavra de ordem, o conforto, a força, a honra de um cristão.[1]

Perceba que, se quisermos participar do mover do Senhor na Terra, a melhor coisa a se fazer é orar. Veja, por exemplo, a igreja de Antioquia, que ficou conhecida por enviar missionários e avivalistas para anunciar a Palavra de Deus:

---

[1] SPURGEON, Charles. **Devocional manhã & noite**. 1. ed. Niterói: Publicações Pão Diário, 2019.

Enquanto adoravam ao Senhor e jejuavam, disse o Espírito Santo: "Separem-me Barnabé e Saulo para a obra a que os tenho chamado". Assim, **depois de jejuar e orar, impuseram-lhes as mãos e os enviaram**. (Atos 13.2-3 – grifo do autor)

Contudo, chamo a atenção de vocês para o fato de que antes dos grandes moveres milagrosos de Deus, de avivamentos poderosos e envios missionários, há algo que necessita acontecer de forma particular entre cada um de nós e o Senhor, por meio de nossa oração.

> **A perseverança em oração prepara o "de repente" de Deus.**

Junto a todos esses exemplos, a história do avivamento na Coreia do Sul também não foi diferente. Começou com pastores coreanos que ouviram falar a respeito do mover de Deus nos Estados Unidos – o avivamento da rua Azusa – e na Índia. Eles oraram por um bom tempo, mas nada acontecia, até que, de repente, um dos pastores levantou a mão e disse: "Eu preciso me arrepender, porque eu estou roubando meu melhor amigo, ele veio a falecer, mas deixou um dinheiro para que eu cuidasse de sua família. Eu, porém, estou roubando a herança dele".

Depois de confessar seu pecado, ele chorou, arrependeu-se do que havia feito. Então, um outro pastor se levantou e disse: "Eu quero me arrepender, porque tenho adulterado em meu casamento". Outro ainda confessou: "Eu estou roubando dinheiro da igreja". Houve um mover de quebrantamento e confissão de pecados, aquele grupo de pastores chorava e orava, arrependendo-se de seus erros. Depois disso, o Espírito Santo veio sobre eles e todos começaram a falar em línguas. Em torno de seis meses após esse evento, seiscentas mil pessoas aceitaram Jesus na Coreia do Sul.[2]

---

[2] NUNES, Eduardo. **Avivamento sustentável**. São Paulo: Quatro Ventos, 2018.

Da mesma forma, o Senhor está nos convidando para orarmos por nossa nação, mas primeiro Ele quer nos despertar de modo pessoal. Não existe um despertamento em nível nacional sem que uma transformação pessoal ocorra. A oração de arrependimento não deve

> **Muitas vezes, desejamos frutificar, mas não queremos morrer.**

acontecer somente no momento em que aceitamos a Cristo como nosso Senhor e Salvador, mas tem de se tornar um estilo de vida. Observe o que Jesus afirma para a igreja de Éfeso:

> Lembre-se de onde caiu! Arrependa-se e pratique as obras que praticava no princípio. Se não se arrepender, virei a você e tirarei o seu candelabro do lugar dele. (Apocalipse 2.5)

Uma vida entregue a Cristo nos leva à renúncia de nós mesmos, do desejo da nossa carne. É nesse sentido que Paulo disse a Tito:

> Porque a graça de Deus se manifestou salvadora a todos os homens. Ela nos ensina a renunciar à impiedade e às paixões mundanas e a viver de maneira sensata, justa e piedosa [...] (Tito 2.11-12)

Isso nos mostra que não somente seremos salvos pela graça, mas também transformados. Pela graça, somos atraídos para Cristo da maneira como nos encontramos, mas Ele nos ama tanto que não permitirá que continuemos em uma vida de pecado, uma vez que isso nos afasta de Deus, que é santo. Nesse sentido, Jesus disse:

> Digo verdadeiramente que, se o grão de trigo não cair na terra e não morrer, continuará ele só. Mas, se morrer, dará muito fruto. Aquele que

ama a sua vida a perderá; ao passo que aquele que odeia a sua vida neste mundo a conservará para a vida eterna. (João 12.24-25)

Essas palavras evidenciam um grande problema que existe em nossa geração: muitas vezes, desejamos frutificar, mas não queremos morrer. Contudo, não seremos úteis para o Senhor se não rendermos nossas vidas a Ele e se não continuarmos escolhendo morrer para nós mesmos todos os dias.

> **Arrependimento é a evidência de que não queremos só as obras de Cristo, mas também o Seu caráter.**

Arrependimento é a evidência de que não queremos só as obras de Cristo, mas também o Seu caráter. O Senhor está levantando a nossa geração para trazer profecias e operar sinais e maravilhas, mas também nos despertando para manifestar mansidão, domínio próprio, amor ao próximo, perdão, obediência, entrega, renúncia e um amor supremo a Ele todos os dias de nossas vidas, para que, além das obras de Cristo, desejemos viver de acordo com o fruto do Espírito.

> Ora, as obras da carne são manifestas: imoralidade sexual, impureza e libertinagem; idolatria e feitiçaria; ódio, discórdia, ciúmes, ira, egoísmo, dissensões, facções e inveja; embriaguez, orgias e coisas semelhantes. Eu os advirto, como antes já os adverti, que os que praticam essas coisas não herdarão o Reino de Deus. Mas o fruto do Espírito é amor, alegria, paz, paciência, amabilidade, bondade, fidelidade, mansidão e domínio próprio. Contra essas coisas não há lei. Os que pertencem a Cristo Jesus crucificaram a carne, com as suas paixões e os seus desejos. Se vivemos pelo Espírito, andemos também pelo Espírito. (Gálatas 5.19-25)

Em suma, o avivamento está intimamente ligado à oração, ele começa com uma Palavra do Senhor, é gerado em oração e ocorre a partir do derramamento do Espírito Santo. Este, por sua vez, desencadeia uma transformação pessoal em nós e, então, os que são impactados com a ação do Espírito em suas vidas tornam-se agentes de mudança na sociedade. Isto é, aqueles que anunciarão o Evangelho em sua completude: salvação e estabelecimento do Reino celestial na Terra.

Para tanto, nosso maior exemplo é Jesus. Seu ministério não só começou e terminou em oração, mas essa prática era parte constante de Seu estilo de vida. No Evangelho de Lucas, no capítulo 5, há relatos de grandes milagres que Cristo operou. No entanto, depois de fazer essas coisas, Ele prontamente foi para o deserto orar. Com essa atitude, Jesus nos comunica: "Eu amo todas as manifestações milagrosas, mas ainda prefiro a presença do meu Pai". Ele cultivou uma vida de oração constante e, assim, marcou a História do mundo; além de grandes feitos, deixou um modelo de intimidade com o Pai e de obediência a Ele.

Portanto, que nosso parâmetro de vida seja justamente o que Cristo propõe em João 5.19-21:

> Jesus lhes deu esta resposta: "Eu digo verdadeiramente que o Filho não pode fazer nada de si mesmo; só pode fazer o que vê o Pai fazer, porque o que o Pai faz o Filho também faz. Pois o Pai ama ao Filho e lhe mostra tudo o que faz. Sim, para admiração de vocês, ele lhe mostrará obras ainda maiores do que estas. Pois, da mesma forma que o Pai ressuscita os mortos e lhes dá vida, o Filho também dá vida a quem ele quer".

Fomos chamados pelo Senhor para realizar obras ainda maiores do que as de Jesus. Não se trata de tarefa simples, mas de uma grande responsabilidade, que teremos capacidade para cumprir somente se estivermos em uma posição de completa dependência de Deus, assim como Jesus viveu Seus dias na Terra. A única maneira viável de realizar isso é por meio de nossa conexão com o Senhor: a oração.

ORE COMIGO

Pai, obrigado por podermos ser parte do que o Senhor está realizando na Terra. Sabemos que há muito a ser feito, por isso, nos entregamos completamente a Ti para cumprirmos Teus propósitos. Transforma-nos por completo, para que, uma vez cheios do Teu Espírito Santo, possamos trazer transformação para as nossas cidades, nações e todo o mundo.

Porém, mais do que realizar obras para Ti, desejamos viver em intimidade Contigo, para que nossas vidas sejam cheias da Tua presença. Por isso, pedimos que nos leve de volta ao primeiro amor; incendeia nosso coração com uma paixão incessante por quem Tu és.

Desejamos cumprir o que Jesus disse, isto é, realizar obras maiores que as d'Ele. Então, pedimos por capacitação sobrenatural e ainda mais anseio por buscar a Tua face. Em nome de Jesus, amém.

ANOTAÇÕES

Dia 10

COMO MINHA ORAÇÃO IMPACTARÁ O AVIVAMENTO?

Com a participação de Samuel Mariano

Como vimos no capítulo anterior, quando o Espírito Santo é derramado, a Igreja é capacitada e enviada para uma onda de evangelismo, que culmina em salvação e, então, em uma transformação na sociedade. Isso é o que nós chamamos de "três fases do avivamento", um processo que depende de cada etapa anterior para avançar. Tudo começa com o despertar dos santos, ou seja, da Igreja de Cristo, que passa a entender a necessidade de se unir como Corpo, e a clamar por arrependimento e pela presença manifesta do Espírito. Com isso, o povo de Deus se levanta para cumprir a Grande Comissão: ir por todo o mundo e pregar o Evangelho a toda criatura (cf. Marcos 16.15) e fazer discípulos de todas as nações (cf. Mateus 28.19), com um grande número de conversões e evidências do poder de Deus por meio de sinais e maravilhas. Essa é a segunda fase.

> **Fomos criados com um propósito, que é termos um relacionamento com o Senhor.**

E, por fim, na última fase, todos esses cristãos capacitados e conscientes de seus chamados invadem todas as esferas da sociedade, gerando transformação por meio da cultura do Reino de Deus. Entretanto, antes que tudo isso aconteça, é necessário que homens e mulheres posicionados dediquem suas vidas a se aprofundarem no conhecimento do coração de Deus através da oração e da leitura bíblica.

Todos nós procuramos um sentido para nossas vidas, algo que nos impulsione. Isso, porque fomos criados com um propósito, que é termos um relacionamento com o Senhor. Consequentemente, nosso coração se voltará para o que Ele deseja e dedicaremos nossas vidas em obediência a Ele. Contudo, ainda existem muitas pessoas perdidas, sem saber o que fazer de suas vidas, mesmo dentro das igrejas. Só há uma maneira de solucionar esta questão: passar tempo em oração.

Talvez tudo pareça estar perdido, mas, na presença do Senhor encontramos as respostas que necessitamos. Ele nos direciona quanto ao que fazer para contribuirmos de maneira significativa na expansão de Seu Reino na Terra, e também nos capacita para fazer isso, pois assim glorificaremos Seu nome.

Nesse sentido, além de viabilizar um relacionamento com Deus, a oração é a chave para transformar nossa realidade. Em outras palavras, é a porta de entrada do Céu na Terra. Exatamente onde o povo carece de uma intervenção divina em sua realidade, lá o Senhor levanta um representante de Seu Reino, alguém que irá conectar a realidade celestial a este mundo que tanto precisa d'Ele.

> **Na presença do Senhor encontramos as respostas que necessitamos.**

Foi justamente o que aconteceu na Inglaterra através de John Wesley e sua família. Ele era um menino de apenas cinco anos quando sofreu um horrível acidente, que poderia ter sido trágico. Enquanto todos em sua casa dormiam tranquilamente, escombros caíram na cama de uma de suas irmãs, que correu para acordar seus pais. Sua casa estava em chamas. Todos conseguiram sair de dentro dela antes de serem atingidos gravemente pelo fogo: a mãe, o pai, os irmãos de John e a ama, que trabalhava lá, menos ele mesmo. O pequeno estava dormindo profundamente e não conseguiu ouvir os gritos que o chamavam. Seus pais tentaram correr ao quarto para resgatá-lo, mas era impossível.

Diante disso, toda a família Wesley não encontrou outra solução senão juntar-se de joelhos em oração, para que Deus resgatasse a vida do menino que dormia na casa em meio ao incêndio. Enquanto oravam, John acordou e conseguiu sair da casa são e salvo. Seu pai prontamente ajoelhou-se outra vez para orar a Deus, agora agradecendo a restituição da vida de todos os seus filhos.

John Wesley cresceu seguindo os costumes de sua família, orando em todo tempo e se dedicando completamente à causa de Cristo: "Durante a vida, seguiu o exemplo de sua mãe, passando uma hora de madrugada e outra à noite, orando e meditando sobre as Escrituras". Dessa forma, veio a se tornar um dos precursores do avivamento. Ele recebeu o batismo do Espírito Santo e, sentindo seu coração abrasado, anunciou o Evangelho a milhares de pessoas por todo o Reino Unido. Relata-se que "John Wesley pregou cerca de setecentas e oitenta vezes por ano durante cinquenta e quatro anos", resultando em multidões que entregavam suas vidas a Cristo e tinham experiências incríveis com o Espírito Santo.[1]

Essas pessoas experimentaram exatamente o que está relatado em Atos, nos capítulos dois e três. Nessa passagem, Pedro e os demais apóstolos, assim como todo o povo reunido,

---

[1] BOYER, Orlando. **Heróis da fé**: vinte homens extraordinários que mudaram o mundo. Rio de Janeiro: Casa Publicadora Assembleia de Deus, 2002.

foram batizados com o Espírito Santo e puderam vivenciar e testemunhar manifestações milagrosas da presença de Deus, anunciando as Boas Novas.

Em sua primeira pregação, logo depois do derramamento do Espírito Santo, Pedro proclamou o Evangelho de Cristo com ousadia, e as Escrituras afirmam que:

> **Não existe outra maneira de viabilizar a manifestação do Reino de Deus na Terra senão através de um relacionamento constante e profundo com o Rei.**

> Os que aceitaram a mensagem foram batizados, e naquele dia **houve um acréscimo de cerca de três mil pessoas**. (Atos 2.41 – grifo do autor)

No entanto, esses homens de Deus também enfrentaram oposição. A Palavra diz, em Atos 5.18, que os líderes religiosos da época foram tomados de inveja e: "[...] mandaram prender os apóstolos, colocando-os numa prisão pública". Porém, todas as vezes em que tentavam pará-los, por meio de ameaças, zombaria, humilhação e até aprisionamento, mais ousadamente eles se levantavam pregando o Evangelho de Jesus. Mais do que isso, alegravam-se por poderem anunciar Cristo.

> Os apóstolos saíram do Sinédrio, alegres por terem sido considerados dignos de serem humilhados por causa do Nome. Todos os dias, no templo e de casa em casa, não deixavam de ensinar e proclamar que Jesus é o Cristo. (Atos 5.41-42)

John Wesley também foi perseguido e ferido pela causa do Evangelho ao longo de sua trajetória, mas permaneceu cumprindo o "ide" até o fim de seus dias. Assim, deixou um marco na História do cristianismo: a colheita de dezenas de milhares de almas.

Não imagino outra motivação para enfrentar dificuldades tão grandes se não um coração alinhado com o do Pai, entregue por completo ao Senhor e cheio do Espírito Santo. E sabemos que não há outro meio para estabelecer essa conexão a não ser através da oração. Observe que o ministério desses grandes homens entregues à causa de Cristo se iniciou por meio de uma vida de devoção ao Senhor, e assim foram sustentados até o fim de suas vidas. Não existe outra maneira de viabilizar a manifestação do Reino de Deus na Terra senão através de um relacionamento constante e profundo com o Rei.

Sobre este tema, o pastor Teófilo Hayashi escreveu:

> Fomos unidos com Cristo pelo mesmo sangue, o sangue que Ele derramou por nós. Assim como Cristo personificou o Reino aqui na Terra, nós também o podemos fazer, pois fomos revestidos de autoridade para não apenas anunciar com palavras que o Reino de Deus é chegado, mas também, com atos de poder, levar as pessoas à dimensão do Reino, mesmo aqui deste lado do Céu.[2]

A partir desse entendimento, seremos fortificados em nossa fé para anunciar e manifestar o Reino celestial até que Jesus volte para buscar a Sua Igreja. Aqueles que se apropriam dessa revelação e mantêm seus corações devotos ao Senhor, em jejum e oração, reconhecendo que não há vida longe de Cristo, certamente estarão dispostos a se entregarem pela causa do Evangelho. Assim como Pedro e os apóstolos, logo após a ressurreição e ascensão de Jesus, e John Wesley, que incendiou o Reino Unido, tornando-se um de nossos heróis da fé, e tantos

---

[2] HAYASHI, Teófilo. **O reino inabalável**. São Paulo: Quatro Ventos, 2018.

outros exemplos de homens e mulheres de Deus que fizeram história com o Senhor.

Sem sombra de dúvidas, cada uma dessas pessoas não era movida por suas próprias forças e passou por momentos de incerteza. Logo, sem que elas cultivassem uma vida de oração dedicada, seria impossível que o Evangelho que hoje conhecemos chegasse aos nossos ouvidos. Sabendo dessa informação, devemos fazer uma autoanálise, perguntando a nós mesmos se estamos dispostos a não só sermos apaixonados pelo Senhor, ganharmos nações e contemplarmos transformações sociais, mas a sustentarmos um vida de oração no secreto que honre esses compromissos.

Na mesma intensidade que um aluno que não estudou tem poucas chances de tirar uma boa nota na prova, a Igreja não pode almejar um avivamento sem que esteja fundamentada em um relacionamento íntimo com Deus através da oração e do apreço pela Palavra. Afinal, essa é uma revolução que começa pequena, como uma semente dentro dos nossos corações, provocando, em primeiro lugar, um batismo de amor e um despertar em nós, para, só então, impactar nossas famílias, igrejas, cidades, estados e nações, levando a Terra ao conhecimento do Rei e Seu Reino.

ORE COMIGO

Senhor Deus, obrigado por contar com minha oração e minha ação para expandir Seu Reino nesta Terra. Sei que o Senhor me criou com o propósito de ter um relacionamento íntimo e profundo Contigo e que está disposto a me guiar e direcionar minha vida para que ela esteja de acordo com os Teus planos.

Digo "sim e amém" para tudo quanto o Senhor quiser realizar através de mim. Eis-me aqui. Peço, porém, que me fortaleça e capacite para a Tua obra. Dedico minha vida a conhecer-Te mais e melhor, pois Tu és o centro e o motivo de todas as coisas. Desperta-me, todos os dias, para amar com mais intensidade os Teus propósitos por meio do avivamento, mas não me deixe colocar essa urgência na frente daquilo que Tu desejas revelar a mim no secreto.

Que as minhas ações, cooperando para a manifestação do Teu Reino, sejam frutos de orações ousadas e alinhadas com o desejo do Teu coração, para que, assim, eu possa estar em harmonia com a Tua vontade. Em nome de Jesus, amém.

ANOTAÇÕES

Dia 11

ORAÇÃO POR ARREPENDIMENTO, UNIDADE E DERRAMAMENTO DO ESPÍRITO SANTO

Com a participação do pastor Brunno Fernandes

Até aqui, você já deve ter entendido como a oração e o avivamento caminham lado a lado, de forma que, ao orarmos, devemos ser intencionais. Afinal, quando o assunto é avivamento, o nosso objetivo principal não é um pedido qualquer, mas a transformação que pode impactar diretamente nossas vidas, das pessoas ao nosso redor, o Corpo de Cristo e o futuro do lugar onde estamos plantados. Nesse sentido, outra informação que você já deve ter ouvido diversas vezes, inclusive neste livro, está ligada à influência de pequenas ações no desenrolar de grandes eventos ao longo da História.

Por isso, para que um avivamento culmine numa reforma social, antes, ele precisa impactar a cada um de nós individualmente, e isso só é possível por

> **Ao orarmos, devemos ser intencionais.**

> **Para que um avivamento culmine numa reforma social, antes, ele precisa impactar a cada um de nós individualmente.**

meio do arrependimento e da unidade dentro da Igreja, a fim de que um derramamento do Espírito Santo aconteça. O único lugar onde "milagre" aparece antes de "oração" é no dicionário. Da mesma forma, o único lugar em que "avivamento" vem antes de "oração" é, também, no dicionário. Na prática, não veremos grandes transformações sociais, moveres sobrenaturais, arrependimento e unidade na Igreja sem que antes haja oração e a intervenção do Espírito Santo.

Para tanto, precisamos crer; e a fé em si demanda o reconhecimento de duas verdades incontestáveis: 1) Jesus é o caminho, a verdade e a vida (cf. João 14.6). Quaisquer ideologias ou conceitos que aleguem a existência de outros meios possíveis são inaceitáveis. 2) Todos nós pecamos e precisamos nos arrepender (cf. Romanos 5.12 e Lucas 5.32). Acreditar que pecado não existe é o mesmo que dizer que nunca precisaríamos ter sido salvos. Dessa forma, é impossível crer em apenas uma dessas duas constatações, sendo que elas estão interligadas.

Portanto, além da leitura bíblica, a oração também cumpre um papel fundamental de fortalecer nossa fé: tornar-nos coparticipantes da obra divina na Terra e nos fazer compreender nossa identidade em Deus, dando livre acesso para que o Espírito Santo nos convença do pecado, da justiça e do juízo (cf. João 16.8). Talvez por isso Jesus tenha sido tão incisivo em Seu ensino, orientando-nos a entrarmos em nosso quarto e ali rasgarmos nosso coração. Não por meio de vãs repetições

> **O único lugar onde "milagre" aparece antes de "oração" é no dicionário.**

ou mecanicamente, mas com espontaneidade. Devemos, assim como Ele, romper com as barreiras da religiosidade: imagine o quanto foi revolucionário, naquela época, chamar Deus de Pai (cf. Marcos 14.36)?! Por isso, precisamos quebrar a ideia de um Deus distante e intocável e colocá-lO na posição de Senhor de nossas vidas, mas também de nosso *Aba* [Papai], concede-nos uma liberdade que confunde todo aquele que possui uma visão religiosa sobre o relacionamento com Ele. Essa é uma porta aberta por Jesus, pela qual todos nós, como filhos de Deus, também podemos passar e usufruir. Com isso, por meio da fé no sacrifício de Cristo, do acesso que Ele nos abriu e da ação do Espírito Santo, entenderemos a necessidade do arrependimento, sentindo cada vez mais a urgência de nos conectarmos com o Senhor.

Por outro lado, quando vamos a fundo nessa busca, deparamo-nos com uma característica inegociável da natureza de Deus: Sua santidade. O profeta Isaías, ao relatar uma de suas visões, descreve essa realidade sobrenatural da seguinte forma:

> No ano em que o rei Uzias morreu, eu vi o Senhor assentado num trono alto e exaltado, e a aba de sua veste enchia o templo. Acima dele estavam serafins; cada um deles tinha seis asas: com duas cobriam o rosto, com duas cobriam os pés, e com duas voavam. E proclamavam uns aos outros: **"Santo, santo, santo é o Senhor dos Exércitos, a terra inteira está cheia da sua glória"**. (Isaías 6.1-3 – grifo do autor)

Além da leitura bíblica, a oração também cumpre um papel fundamental de fortalecer nossa fé: tornar-nos coparticipantes da obra divina na Terra e nos fazer compreender nossa identidade em Deus.

Nosso Deus é eterno, o que significa que a Sua santidade tem sido proclamada desde sempre, e é reafirmada pelos anjos em todo o tempo. Até mesmo nós, quando tivermos a oportunidade de contemplá-lO face a face, nos uniremos pela eternidade a esse coro, como já fazemos hoje, em alguns momentos, por meio de canções e cânticos espirituais. Dessa forma, o passo mais natural de toda pessoa que reconhece esse atributo do Senhor é buscar a santidade e, assim, tornar-se mais parecido com Ele.

Esse é um processo que envolve várias etapas, como deixar nossos antigos hábitos e adotar uma postura de humildade e discernimento diante daquilo que agrada ou não nosso Pai. É nesse ponto que a oração ganha ainda mais protagonismo. Devemos ter um estilo de vida de intimidade com Deus que nos leve a enxergar o mundo sob a Sua perspectiva, clamando para que o Espírito Santo tome as rédeas, derrame-se abundantemente e gere transformação genuína. Então, cabe a nós buscarmos constantemente um alinhamento de nossas vidas com a vontade do Pai, assim como Davi, que orou da seguinte maneira:

> **Devemos ter um estilo de vida de intimidade com Deus que nos leve a enxergar o mundo sob a Sua perspectiva.**

> Sonda-me, ó Deus, e conhece o meu coração; prova-me, e conhece as minhas inquietações. Vê se em minha conduta algo que te ofende, e dirige-me pelo caminho eterno. (Salmos 139.23-24)

Em toda a Bíblia, existem vários exemplos de arrependimento, mas, com toda certeza, Davi é um dos mais notáveis. Mesmo ocupando o cargo mais alto de todo Israel e carregando em suas costas o peso dessa responsabilidade, ele tinha consciência do Deus a quem servia, e não tinha medo de

> **A menos que a nossa cidade e a nossa nação se arrependam, não seremos poupados do juízo de Deus.**

reconhecer seus pecados e se humilhar em Sua presença. Não à toa, Davi foi descrito como um homem que era segundo o coração de Deus (cf. 1 Samuel 13.14). Logo, se desejamos ser cristãos genuínos, cooperar com o avivamento e, ao mesmo tempo, alinhar nossas atitudes de acordo com o querer do Senhor, o arrependimento deve fazer parte do nosso estilo de vida.

Em relação a isso, em uma de suas famosas cruzadas, o evangelista Billy Graham disse:

> [...] a menos que a nossa cidade e a nossa nação se arrependam, não seremos poupados do juízo de Deus. Na Bíblia, cidade após cidade foi destruída pelo fogo do juízo – Sodoma, Babilônia, Tiro, Sidom, Nínive – por causa dos seus pecados. E os mesmos pecados daquelas cidades são os pecados das cidades americanas e do povo americano hoje.[1]

Apesar de Graham estar comentando sobre a realidade de seu país nesse sermão, percebemos como ele conseguiu traduzir muito bem uma necessidade de todo o mundo. O arrependimento é a chave para um relacionamento íntimo com o Senhor, bem como o único caminho pelo qual alcançamos a redenção de nossos pecados, e a salvação. Até aí, é fácil para qualquer cristão concluir como o mundo necessita de todas essas coisas, assumindo, em muitos casos, para si próprios a missão de levar essa mensagem. Porém, o problema está quando essas mesmas atitudes invadem o território da Igreja e afetam diretamente a unidade do povo de Deus.

---

[1] GRAHAM, Billy. **O desafio**: sermões pregados no Madison Square Garden. Rio de Janeiro: Editora Betânia.

Sabemos que uma das mais importantes bases dos ensinamentos de Jesus é o amor. Como cristãos, às vezes temos a impressão de que essa deveria ser uma tarefa bem fácil. Entretanto, quando reconhecemos que precisamos ser como Cristo, somos confrontados diretamente pelos Seus mandamentos. Percebemos o quanto amamos dizer ao perdido que ele deve se arrepender dos seus pecados, mas esquecemos que essa pregação, sem uma vida em concordância com ela, é hipócrita.

No fim das contas, quando não nos permitimos ser tratados por Deus, e o arrependimento não tem espaço em nosso coração, isso, automaticamente, passa a minar a harmonia na Igreja e impedir, no contexto de avivamento, que as demais fases desse mover aconteçam. Nesse sentido, não existem negociações, a solução é retornar ao primeiro amor e àquilo que o Mestre nos comissionou a fazer: amarmos nosso próximo como a nós mesmos (cf. Mateus 22.39).

Afinal, é fácil amarmos aquele que está distante! Mas se esforçar para valorizar e compreender quem convive conosco todos os dias é muito mais difícil. Na maioria das vezes, essa relação dependerá totalmente de que haja humildade em ambos os lados, compreendendo as características de cada um e procurando caminhos para que todos contribuam da melhor maneira possível. Esse amor tem como base as nossas atitudes, e não apenas palavras. Para isso, precisamos ter em mente a necessidade de sermos um só Corpo n'Ele. Isso significa demonstrarmos uns aos outros o que Deus fez por nós, doando-nos inteiramente a fim de vivenciarmos o que está escrito em 1 João:

> A solução é retornar ao primeiro amor e àquilo que o Mestre nos comissionou a fazer: amarmos nosso próximo como a nós mesmos.

Amados, visto que Deus assim nos amou, nós também devemos amar-nos uns aos outros. Ninguém jamais viu a Deus; se nos amarmos uns aos outros, Deus permanece em nós, e o seu amor está aperfeiçoado em nós. (1 João 4.11-12)

> **Precisamos ter em mente a necessidade de sermos um só Corpo n'Ele.**

Somos filhos de Deus, e devemos nos comportar como tal, revelando a Sua natureza. Isto é, temos de nos assegurar de que as nossas palavras e atitudes sejam reflexos da cultura do Reino. A partir do momento em que cultivarmos um coração arrependido e estivermos conectados em unidade com nossos irmãos, algo inevitável acontecerá: o derramar do Espírito Santo. E é impossível falar sobre essa experiência de capacitação e ousadia sem nos lembrarmos da origem desse mover sobrenatural.

Desde a profecia liberada por Joel, dizendo que o Senhor derramaria o Seu Espírito sobre todos (cf. Joel 2.28-29), havia uma expectativa no meio do povo de Deus de quando isso aconteceria. Com a vinda do Messias e a pregação do Evangelho do Reino, parecia que o cumprimento dessa promessa estava mais próximo do que eles imaginavam. Entretanto, o que os apóstolos e mais tantas pessoas vivenciaram em Atos 2 estava acima de qualquer previsão. Mesmo Pedro, um homem de origem simples e sem instrução nenhuma, foi tão cheio que pregou diante de compatriotas e estrangeiros, terminando o dia com uma colheita de, aproximadamente, três mil almas (cf. v. 41).

Todavia, o que muitos não percebem nesse episódio é que um ambiente foi preparado para que tudo aquilo acontecesse. Sim, Jesus fez a promessa da descida do Consolador em João 14.16-17, mas o capítulo 1 de Atos nos mostra que os discípulos fizeram a sua parte, aguardando a chegada do Espírito Santo em oração e em unidade. Não é preciso dizer como esse comportamento está totalmente alinhado ao derramar que sempre marca a primeira fase de todo avivamento.

Uma Igreja consciente dessa verdade e que caminha em unidade abre espaço para a presença manifesta de Deus. Uma presença que não está restrita a reuniões específicas ou a alguns momentos dentro do quarto, mas que se assemelha a um fogo que arde constantemente nos corações, trazendo uma paixão ainda maior pelo Senhor e o convencimento a respeito dos planos que Ele tem para os Seus.

> **Temos de nos assegurar de que as nossas palavras e atitudes sejam reflexos da cultura do Reino.**

Sendo assim, se temos a intenção de entrar em concordância com Deus e fazer parte do avivamento e, por consequência, impactar nossa sociedade com a transformação que vem do Céu, precisamos ter firmeza naquilo que proclamamos. É este tipo de atitude que Deus espera de nós como Seus filhos, que O amemos e O busquemos de todo o nosso coração, mente e alma (cf. Mateus 22.37), permitindo que sejamos instrumentos em Suas mãos.

ORE COMIGO

Senhor, agradecemos por Tua maravilhosa graça. Reconhecemos que fomos comprados por um alto preço naquela cruz, por isso, entregamos não apenas uma parte de nossas vidas a Ti, mas nos rendemos por completo. És o nosso salvador e o nosso dono.

Portanto, nós nos dispomos ao processo de santificação, que requer uma busca constante e intensa por Tua presença, na qual somos transformados, de glória em glória, conforme a Tua imagem e semelhança. Ensina-nos a conservar um coração arrependido e disposto a aceitar as verdades contidas na Tua Palavra, acima de todas as coisas.

Senhor, não nos deixes negligenciar a unidade dentro de nossas igrejas, mas que possamos, todos os dias, seguir o Teu exemplo e ser um com os irmãos, assim como Tu és um com o Pai. E que, a partir dessa harmonia, todos possamos desfrutar da manifestação do Teu poder em nosso meio, preenchendo-nos com dons, revelações e as estratégias necessárias para cooperarmos com o Teu glorioso plano.

Louvamos ao Senhor por nos conceder vida eterna com Cristo e por podermos fazer parte de Teu Reino celestial e eterno. Que toda honra e toda glória sejam somente a Ti, para todo o sempre. Em nome de Jesus, amém.

ANOTAÇÕES

Dia 12

ORAÇÃO POR MAIS PAIXÃO PELA PRESENÇA DE JESUS, ALMAS, OUSADIA, UNÇÃO E PODER

**Com a participação de
Igor Siracusa**

Já sabemos de cor que podemos alcançar realidades totalmente novas aqui na Terra por meio da oração em intimidade com Espírito Santo; e que através dela também aprofundamos o nosso relacionamento com a Trindade. Deus nos ama e deseja nos dar tudo o que precisamos. Por essa razão, Jesus mesmo disse:

> E tudo o que pedirem em oração, se crerem, receberão. (Mateus 21.22)

Assim, quando oramos, não devemos ser tímidos ou receosos, pois temos a autoridade de Cristo para receber tudo o que pedirmos a Ele. Para isso, porém, cada um de nós possui a

> **É diante d'Ele que nossos olhos são abertos e temos consciência do papel que desempenharemos em Seus projetos.**

tarefa de aprofundar seus alicerces em Deus, aproximando-se d'Ele; através disso, poderemos vê-lO chegando mais perto de nós, como Paulo escreveu a Tiago e seus irmãos na fé:

> Aproximem-se de Deus e Ele se aproximará de vocês. (Tiago 4.8)

O Senhor deseja estar próximo de nós e espera que busquemos Sua vontade para que Ele tenha a liberdade de Se fazer presente em nossas vidas. Jesus fala, em um de Seus sermões, sobre a necessidade de buscarmos Seu Reino em primeiro lugar (cf. Mateus 6.33). Na Bíblia, desde o Antigo Testamento, vemos a história de vários homens e mulheres que andavam de acordo com o coração de Deus e procuravam Sua presença o tempo todo. Um exemplo claro foi o rei Davi, que escrevia músicas de louvor e adoração a Deus, que encontramos no livro de Salmos. Em um de seus salmos, ele disse:

> A teu respeito diz o meu coração: Busque a minha face! A tua face, Senhor, buscarei. (Salmos 27.8)

Assim como Davi, não podemos buscar ao Senhor como uma obrigação, mas sim como o prazer e a necessidade do nosso ser. Afinal, é diante d'Ele que nossos olhos são abertos e temos

> **Jesus nos ensina a ser como Maria, que só queria estar com Ele.**

consciência do papel que desempenharemos em Seus projetos. Entretanto, só é possível compreender essa verdade quando aprendemos a desfrutar dessa presença, como Maria, irmã de Lázaro, fez. No evangelho de Lucas, enquanto Jesus visitava Seus amigos Maria, Marta e Lázaro, em Betânia, Maria aproveitou a oportunidade e sentou-se aos Seus pés a fim de absorver ao máximo tudo o que Ele falava. Marta, porém, repreendeu-a por estar ali, parada, enquanto ela fazia todas as tarefas domésticas sozinha. No entanto, a atitude de Maria agradou ao Senhor, por isso, Ele disse:

> [...] Marta! Marta! Você está preocupada e inquieta com muitas coisas; todavia apenas uma é necessária. Maria escolheu a boa parte, e esta não lhe será tirada. (Lucas 10.41-42)

Muitas vezes, somos como Marta, nós nos preocupamos tanto com o que precisamos fazer durante a rotina que perdemos o foco daquilo que realmente importa. Contudo, Jesus nos ensina a ser como Maria, que só queria estar com Ele. Da mesma forma, quando entendemos o quanto é fundamental buscarmos ao Senhor através da oração, aproximamo-nos também de Seus planos e Ele nos guiará ao cumprimento de Seu chamado para nossas vidas, de modo que contribuiremos para a expansão de Seu Reino.

Ao nos alinharmos a esses dois aspectos da vida cristã – a busca pela presença de Deus e o propósito divino –, em consequência, valorizamos ainda mais o amor pelas almas e a expansão do Reino. No livro de Provérbios, por exemplo, veja o que o autor considera como resultado dessa frutificação:

> O fruto do justo é árvore de vida, e o que ganha almas é sábio. (Provérbios 11.30)

Em outras palavras, uma das maiores fontes de vida e entendimento é agir em conformidade com a vontade de Deus. Quando seguimos por esse caminho, não estamos apenas "cumprindo o *script*", mas sendo cheios e capacitados com novos níveis de conhecimento, maturidade, paixão e ousadia. Essa é a verdadeira razão pela qual Jesus veio à Terra e fez de nós embaixadores dos Céus, assim continuamos o chamado descrito em Lucas 9.55:

> [...] pois o Filho do homem não veio para destruir as almas dos homens, mas para salvá-las.

> **Uma das maiores fontes de vida e entendimento é agir em conformidade com a vontade de Deus.**

Tendo em mente que a nossa responsabilidade como participantes ativos da Sua missão é resgatar almas, automaticamente reconhecemos que necessitamos do Espírito Santo. Só Ele pode nos dar as ferramentas essenciais a fim de atrairmos cada vez mais pessoas a Deus. A partir delas, alcançamos também graça, coragem e ousadia para colocarmos em prática a autoridade que Jesus nos prometeu em Seu nome (cf. Apocalipse 2.26 e Mateus 28.18-20). Em uma de suas cartas à igreja de Corinto, Paulo aconselhou:

> Portanto, visto que temos tal esperança, mostramos muita confiança. (2 Coríntios 3.12)

Isso significa que, através do Espírito Santo, recebemos autoridade para proclamarmos o Evangelho. Assim, passamos a falar com propriedade a todos aqueles que carecem de salvação. Além disso, Ele nos reveste com coragem e esperança, impulsionando-nos a propagar Seu Reino, e derrama sobre nós uma unção que nos capacita a demonstrarmos Seu poder:

> Quanto a vocês, a unção que receberam dele permanece em vocês, e não precisam que alguém os ensine, mas, como a unção dele recebida, que é verdadeira e não falsa, os ensina acerca de todas as coisas, permaneçam nele como ele os ensinou. (1 João 2.27)

O interessante é que, quanto mais somos cheios de coragem e autoridade para propagar o Evangelho, mais entendemos a necessidade de permanecermos n'Ele, caso contrário, não poderemos fazer nada (cf. João 15.5). Mas, quando nos submetemos à vontade de Deus e nos colocamos em posição de total dependência d'Ele, o Espírito Santo ganha espaço para transbordar Seu poder em nós e através de nós. Para isso, é necessário que essa procura seja constante:

> Olhem para o Senhor e para a sua força; busquem sempre a sua face. (1 Crônicas 16.11)

A esta altura, já deve estar bastante claro para você que a oração nos leva à intimidade com o Senhor e, consequentemente, a um nível maior de paixão por Ele e ainda mais anseio por buscá-lO. Não se trata de um conjunto de palavras bem estruturadas que cumprem um rito obrigatório e religioso, mas uma parte essencial de nossas vidas, sem a qual é impossível viver. Por meio dela, nossa mente é transformada de acordo com as verdades dos Céus e somos impulsionados a levantar um clamor, um grito de guerra. Assim como o profeta Isaías declarou ao contemplar a restauração que o Senhor faria no meio de Israel, nós também devemos proclamar:

> **Necessitamos do Espírito Santo. Só Ele pode nos dar as ferramentas essenciais a fim de atrairmos cada vez mais pessoas a Deus.**

> As nações virão à sua luz e os reis ao fulgor do seu alvorecer. (Isaías 60.3)

A oração é uma das muitas estratégias de Deus para que, ao buscarmos Sua presença, tenhamos ousadia e unção do Espírito

Santo. Assim, Ele Se moverá em poder através de nós para resgatar almas. Então, à medida que atendemos ao Seu chamado e nos mantemos no caminho de santidade e intimidade, a nossa vida passa a refletir a luz que o mundo tanto precisa conhecer:

> A vereda do justo é como a luz da alvorada, que brilha cada vez mais até a plena claridade do dia. (Provérbios 4.18)

Jesus declara que somos a luz do mundo (cf. Mateus 5.14) e Seus filhos amados (cf. Efésios 5.1). A partir dessa identidade e com a autoridade que há no nome d'Ele, podemos manifestar Seu poder na Terra. Afinal, "[...] o Reino de Deus não consiste de palavras, mas de poder", como a Palavra diz em 1 Coríntios 4.20.

A demonstração do poder de Deus ocorre, portanto, a fim de expressar e expandir o Seu Reino na Terra, bem como comprovar o que é pregado em palavras, para que todos aqueles que testemunharem os milagres do Senhor creiam n'Ele. Além do mais, os sinais e maravilhas demonstram a cooperação do Senhor conosco enquanto anunciamos o Evangelho, como está escrito em Marcos 16.17-20:

> **Ele Se moverá em poder através de nós para resgatar almas.**

> "Estes sinais acompanharão os que crerem: em meu nome expulsarão demônios; falarão novas línguas; pegarão em serpentes; e, se beberem algum veneno mortal, não lhes fará mal nenhum; imporão as mãos sobre os doentes, e estes ficarão curados". Depois de lhes ter falado, o Senhor Jesus foi elevado ao céu e assentou-se à direita de Deus. Então, os discípulos saíram e pregaram por toda parte; **e o Senhor cooperava com eles, confirmando--lhes a palavra com os sinais que a acompanhavam**. (grifo do autor)

É justamente em obediência a Cristo que Pedro e João, depois de receberem o Espírito Santo, declaram cura a um aleijado que encontraram na entrada do templo e lhes pedia dinheiro.

> Disse Pedro: "Não tenho prata nem ouro, mas o que tenho, isto lhe dou. Em nome de Jesus Cristo, o Nazareno, ande". Segurando-o pela mão direita, ajudou-o a levantar-se, e imediatamente os pés e os tornozelos do homem ficaram firmes. (Atos 3.6-7)

Observe que, de acordo com a Palavra, Pedro simplesmente declara a cura, trazendo alinhamento entre a realidade terrena, que, no caso, se tratava de uma pessoa enferma, e a realidade celestial, na qual não existe doença alguma. Ele fez isso entendendo seu papel como ministro do Senhor e embaixador de Seu Reino, declarando a verdade divina sobre a vida daquele homem, no nome de Jesus.

> **A demonstração do poder de Deus ocorre, portanto, a fim de expressar e expandir o Seu Reino na Terra.**

Nós também fomos chamados para realizar essas obras, afinal fomos justificados por Cristo e entendemos a urgência de atender à Grande Comissão de Mateus 28. Desse modo, permitiremos que a Sua graça se derrame e se aperfeiçoe em nós a fim de impactar gerações ao redor do mundo.

ORE COMIGO

Senhor Deus, clamamos por mais amor pela Tua presença. Sabemos que tudo quanto precisamos para cumprir o "Ide" encontramos em Ti, tanto o amor pelas almas como a ousadia e unção.

Também é em Ti que descobrimos nossa verdadeira identidade de filhos amados, santos e redimidos.

Estamos dispostos a seguir Teus passos e viver de acordo com Tuas palavras, portanto, anunciaremos o Evangelho e manifestaremos Teu poder. Pedimos capacitação e ousadia para realizarmos essas obras. Em nome de Jesus, amém.

ANOTAÇÕES

Dia 13

ORAÇÃO PELA TRANSFORMAÇÃO DA NOSSA NAÇÃO

**Com a participação do pastor
Rafael Bello**

Talvez você já tenha se perguntado: o que nos caracteriza como brasileiros? Ao redor do mundo, pessoas de idades e origens diferentes, com toda certeza, também fazem essa mesma pergunta relacionada à sua identidade nacional. Diversas nações possuem seu estereótipo e, às vezes, essa característica pode se tornar até mesmo um adjetivo. Quem sabe você mesmo já tenha dito: "Fulano se parece com um gringo", "Ciclano tem um ar europeu", "Beltrano tem uma disciplina oriental", e por aí vai. A verdade é que o local onde nascemos tem influência muito forte na forma como nos comportamos e na imagem que os outros têm a nosso respeito.

Dentro do Brasil, um país com dimensões continentais, essa

> **Recomendo que se façam súplicas, orações, intercessões e ação de graças por todos os homens; pelos reis e por todos os que exercem autoridade.**

é uma realidade inegável. Em uma simples conversa com um amigo de outro estado é bem fácil identificar traços únicos do lugar onde aquela pessoa cresceu. Seja o sotaque, expressões próprias ou ainda a forma de se vestir revelam muito (mas não totalmente) quem ela é. Entretanto, se fizéssemos um apanhado geral da nossa nação, sem sombra de dúvidas, encontraríamos um comportamento central, alvo de críticas e elogios: o "jeitinho brasileiro".

Para muitas pessoas, essa forma de se portar sempre será sinônimo de malandragem ou de alguém que não perde uma oportunidade para se dar bem, independentemente das consequências. Reflexos dessa índole na cultura, política e nas relações sociais mais básicas demonstram como essa imagem percorre todas as camadas da nossa sociedade. Mas o que nós, cristãos, temos a ver com tudo isso? O que a Igreja de Cristo pode fazer a respeito de um problema tão latente, que tem afetado nossa nação por tantos anos e gera frutos terríveis? A Bíblia é bem enfática sobre esse assunto:

> Antes de tudo, recomendo que se façam **súplicas, orações, intercessões e ação de graças** por todos os homens; pelos reis e por todos os que exercem autoridade, para que tenhamos uma vida tranquila e pacífica, com toda a piedade e dignidade. (1 Timóteo 2.1-2 – grifo do autor)

O apóstolo Paulo, autor desse famoso texto dirigido ao seu filho na fé, Timóteo, falou muito sobre a relação do povo de Deus com a nação e suas autoridades. No livro de Romanos, capítulo 13, por exemplo, ele fez várias orientações sobre o nosso comportamento diante daqueles que nos governam, dando destaque à sujeição (cf. v. 1). Todavia, ao aconselhar Timóteo, Paulo trouxe uma recomendação que envolve diversos fatores, como "súplicas, orações, intercessões e ação de graças". Em outras palavras, ele fala sobre um estilo de vida, dentro das disciplinas espirituais, que não se isenta de nossas responsabilidades com o ambiente onde estamos, e aqueles que estão acima de nós.

E aqui cabe um parêntese. Muitos irmãos bem intencionados, visando a preservação de uma vida de oração, gastam horas do seu dia clamando ao Senhor. Que incrível seria se todos nós fôssemos tão empenhados assim, mesmo com rotinas tão atarefadas. O problema é que, mesmo dedicando tanto tempo à oração, essas pessoas fazem pedidos para todos os tipos de assuntos, como família, emprego, relacionamentos ou mesmo pelo avivamento e por salvação de almas. Porém, entre tantos temas citados, acabam se esquecendo de seu próprio país.

Muitos de nós, infelizmente, nos preocupamos tanto com o poder do mundo espiritual, que nos esquecemos de nossos deveres no âmbito natural. Isto é, nossa identidade como filhos de Deus não nos excluiu das responsabilidades do mundo. Sim, nós esperamos pela manifestação plena do Reino de Deus na Terra, mas, até que isso aconteça, não podemos deixar de lado a nação em que nascemos, muito pelo contrário, devemos amá-la e transformá-la, na medida do possível, de acordo com as características do Reino celestial.

Se você tem um chamado específico por alguma nação, abrace esse direcionamento divino com todas as suas forças. Por outro lado, nunca perca a consciência de que, antes de ir a outro lugar para levar as Boas Novas, o Pai deseja que você ame sua terra natal. E a melhor forma de demonstrar esse sentimento é orando por seu país de origem.

> **Nossa identidade como filhos de Deus não nos excluiu das responsabilidades do mundo.**

O Brasil, assim como diferentes países espalhados pelo planeta, necessita de cidadãos celestes que valorizem e intercedam por ele, da mesma forma que oram pela comunhão da Igreja. Se desejamos contemplar a realidade celestial invadindo nossas ruas e vielas, precisamos ter esse posicionamento urgentemente. Um lugar onde a presença de Deus está, representada pela Noiva de Cristo, não pode permanecer do mesmo jeito. Os preconceitos, a desigualdade e a injustiça não podem mais prosperar em nosso meio, pois carregamos dentro de nós a Mensagem capaz de transformar tudo o que nos cerca.

> **Cristo saiu da teoria e demonstrou o que dizia em cada atitude.**

Essa oração não pode ser tímida ou feita de vez em quando, mas fazer parte de nossas preces diárias. Quando fazemos esse exercício de clamor por nossa nação, estamos declarando a invasão da nação santa nos lugares mais improváveis. Afinal, somos parte disso e sabemos que o mundo carece de nossa manifestação enquanto proclamadores da Mensagem de esperança:

> Vocês, porém, são geração eleita, sacerdócio real, **nação santa**, povo exclusivo de Deus, para anunciar as grandezas daquele que os chamou das trevas para a sua maravilhosa luz. (1 Pedro 2.9 – grifo do autor)

Pedir por mudança em nosso país vai muito além de fazer cobranças a órgãos públicos ou denunciar a corrupção de políticos. Essa é uma batalha muito mais difícil, que envolve nosso posicionamento. Contestar um estilo de vida pecaminoso exige que, do outro lado, demonstremos a solução e referências que possam ser seguidas. Por isso, eu diria que a oração pela nação é uma das mais perigosas que existe, pois transformação não é algo abstrato e distante, que acontecerá

> **Carregamos dentro de nós a Mensagem capaz de transformar tudo o que nos cerca.**

"magicamente", mas demanda exemplos, pessoas que sejam referenciais.

Em vez de simplesmente falar aos Seus discípulos que eles deveriam ser diferentes do padrão deste mundo, Jesus viveu na prática esse discurso. Em lugar de somente dizer que eles deveriam ser honestos, abandonar preconceitos e amar cada pessoa como se fosse um amigo próximo, Cristo saiu da teoria e demonstrou o que dizia em cada atitude. Ele revelou o padrão de caráter divino, deixando um exemplo para todos nós até hoje.

Logo, a oração pelo país está diretamente ligada à prática de um comportamento irrepreensível. Essa é uma consequência lógica de um pedido tão extraordinário. Imagine: alguém clama por uma renovação em seu país, pela mudança cultural e comportamental, e Deus atende essa oração. Para tanto, Ele decide utilizar justamente quem fez aquela prece para iniciar esse processo. Nesse caso, não estar preparado para esse chamado, disponibilizando-se para que a transição comece dentro de si, é ir na contramão.

Por mais que orar por nosso país seja algo grandioso, tudo se iniciará em nossas pequenas atitudes. Se somos movidos a buscar a face de Deus e refletir essa fome em tudo quanto fizermos todos os dias de nossas vidas, já estamos contribuindo para que nossa nação também seja impactada. Se somos puros diante dos ambientes mais sujos e corrompidos, estamos testemunhando a respeito da mudança que desejamos:

> Nada provoca uma transformação mais impactante do que a intercessão pela nação e uma vida dedicada à vontade do Criador.

Façam tudo sem queixas nem discussões, para que venham a tornar-se **puros e irrepreensíveis**, filhos de Deus inculpáveis no meio de uma

> geração corrompida e depravada, na qual vocês brilham como estrelas no universo, retendo firmemente a palavra da vida [...] (Filipenses 2.14-16 – grifo do autor)

Portanto, direcione sua indignação com a realidade do seu país para o foco correto: a oração. Reivindicar nas ruas ou escrever textos pontuando coisas a serem melhoradas, quando feitas com sabedoria, bom senso e direcionamento, tem sim o seu valor, mas nada provoca uma transformação mais impactante do que a intercessão pela nação e uma vida dedicada à vontade do Criador.

ORE COMIGO

Senhor Deus, louvamos o Teu santo nome e reconhecemos Tua soberania e autoridade como Rei dos reis e Senhor dos senhores. Obrigado por Tua misericórdia e amor para conosco, quer sejamos brasileiros ou de qualquer outro lugar do mundo.

Voltamos nosso coração ao Senhor, para que seja alinhado aos Teus propósitos. Pois sabemos que a Tua vontade é boa, perfeita e agradável, como a Tua Palavra diz em Romanos 12.2.

Queremos contribuir para que o Teu Reino invada todos os povos e nações, por isso estamos dispostos a expressá-lo através de nossas vidas, onde quer que estivermos, para Tua honra e glória. Oramos em nome de Jesus, amém.

ANOTAÇÕES

Dia 14

CALL TO ACTION:
ONDE EU ME ENCAIXO NISSO? DEPOIS DE ORAR, O QUE FAZER?

**Com a participação de
Raique Carmelo**

Você já parou para pensar na estrutura da palavra oração? Oração nada mais é do que "orar + ação" ou a atitude de orar. Eu entendo que a oração, sem uma série de práticas que entrem em concordância com aquilo que dizemos ao Senhor e ouvimos d'Ele, é em vão. Se pedirmos por um emprego, por exemplo, mas não entregarmos sequer um currículo ou nos candidatarmos para as vagas disponíveis, qual a probabilidade de sermos contratados? É claro que os milagres existem e estão aí para provar que o nosso Deus não precisa utilizar a lógica humana para nos abençoar. Porém fazer a nossa parte no processo é uma das maneiras de demonstrar nosso interesse por aquele objetivo, além de ser o mínimo que podemos realizar para entrar em concordância, no natural, com aquilo que Deus pode fazer no espiritual.

> **Oração nada mais é do que "orar + ação" ou a atitude de orar.**

Quando o Senhor trouxe libertação para o Seu povo, que estava debaixo de opressão no Egito, Ele o fez em resposta ao clamor deles. Contudo, não agiu sozinho, antes contou com a obediência de Moisés, primeiramente, para guiar o povo à Terra Prometida, e, depois, dos israelitas, que viriam a segui-lo. A Palavra relata que, quando Moisés e o povo saíram do Egito, depararam-se com um imenso mar que os impediam de seguir seu caminho, e, na direção contrária, os egípcios os perseguiam – de modo que se encontravam encurralados.

Foi nessa ocasião que o Senhor orientou Moisés e o povo a trocarem suas petições por passos de fé:

> Disse então o Senhor a Moisés: "Por que você está clamando a mim? Diga aos israelitas que sigam avante. Erga a sua vara e estenda a mão sobre o mar, e as águas se dividirão para que os israelitas atravessem o mar em terra seca". (Êxodo 14.15-16)

> **Quando fazemos o que está ao nosso alcance, em obediência ao Senhor, Ele faz o impossível.**

Com isso, Deus estava dizendo que não era hora de clamar parados onde estavam, mas de agir. Conforme Moisés estendeu a mão sobre o mar, o Senhor fez com que as águas se abrissem ao meio, formando duas grandes paredes de água e um caminho em terra seca para o povo atravessar (cf. Êxodo 14.21-22). Assim também, quando fazemos o que está ao nosso alcance, em obediência ao Senhor, Ele faz o impossível. Isso é valido tanto para situações pontuais que surgem em nossas vidas e nos levam a clamar por um milagre quanto no que diz respeito ao nosso destino profético ou chamado.

Quando uma pessoa se converte, passa por diversos processos de libertação e aprendizados no âmbito espiritual.

Porém, depois de um tempo, todos nós, tendo sido criados na igreja ou não, chegaremos a uma questão primordial: qual é o meu chamado? Ou melhor: qual a vontade do Senhor para mim nesta Terra? Já ouvi histórias incríveis de pessoas que receberam sinais claros sobre seus propósitos de vida e outros que estavam apavorados por não receberem nenhuma direção específica. Antes de tudo, preciso esclarecer que, pelo que observei até agora, cada um é direcionado da forma adequada e no tempo correto. O que há em comum entre essas pessoas é a busca por direcionamento em oração.

Geralmente, passamos a ter clareza de nosso chamado quando estamos prontos para lidar com essa informação. O primeiro passo, após entender isso, é agir. Afinal de contas, palavras proféticas[1] liberadas sobre nós sem o devido posicionamento e sustentação espiritual tendem a ser esquecidas e frustradas. Quem sabe, aquilo que o Espírito Santo lhe disse esteja muito distante da sua realidade atual e isso cause confusão em sua mente?! Todavia, devemos nos lembrar que Deus nunca nos promete nada sem que Ele esteja disposto a contribuir para que isso aconteça.

> **Passamos a ter clareza de nosso chamado quando estamos prontos para lidar com essa informação.**

Mas antes de chegar nesse ponto e destrinchar sobre as áreas, montes ou esferas em que o Senhor pode nos posicionar, trago um alerta: devemos compreender que existe um "chamado geral". Sim, a Bíblia nos confirma em vários textos diferentes

---

[1] Palavra profética diz respeito ao que é dito por profetas ou pessoas que se movem no dom profético, ou seja, aqueles que falam de acordo com os pensamentos e o coração de Deus. Também podemos receber palavras proféticas diretamente do Senhor, escutando Sua voz ou lendo Sua Palavra. Aliás, mesmo que seja dita por profetas, para que seja válida, deve estar de acordo com a Bíblia e ser testificada no espírito de acordo com o discernimento espiritual.

que todo cristão possui alvos em comum. Tudo o que fazemos, independentemente do formato, tem o intuito de engrandecer o nome do Senhor e manifestar Seu Reino. Dentro disso, podemos pontuar as disciplinas espirituais (oração, jejum e leitura bíblica) que, alinhadas às práticas voltadas ao nosso chamado, auxiliam-nos a cumprir a vontade do Pai para cada um de nós.

Mas a respeito do chamado geral, duas passagens contidas nos evangelhos de Marcos e João sustentam essa ideia e já se tornaram, para muitos, os slogans que sintetizam a mensagem de Jesus:

> "[...] Amem-se uns aos outros. Como eu os amei, vocês devem amar-se uns aos outros". (João 13.34)

> "[...] Vão pelo mundo todo e preguem o evangelho a todas as pessoas". (Marcos 16.15)

O interessante nesses dois versículos é que a única condição para cumpri-los é ser um discípulo do Mestre. Antes ou depois deles, não vemos nada como: "se você foi chamado para pregar, então deve amar as pessoas", ou "só pregue o Evangelho se você tiver um sonho profético sobre isso". Pelo contrário, essa é uma ordem que engloba todos os filhos de Deus. Se você faz parte do Reino, deve amar sem medidas. Se você se considera seguidor de Cristo, pregar não é uma opção, mas um dever essencial.

> **Não chegaremos aos níveis mais elevados do conhecimento de Deus sem antes sermos excelentes naquilo que é o alicerce da caminhada cristã.**

Basta compreendermos esses dois fatos e tomá-los como verdades para nossas vidas para que muitas mentiras sejam quebradas. Quantas pessoas desperdiçam a vida correndo atrás de um direcionamento claro, ou um anjo de luz trazendo a resposta, enquanto poderiam estar cumprindo esses mandamentos básicos de Jesus? Por isso, antes de se preocupar com coisas mais específicas no que diz respeito ao seu destino, tenha zelo por aquilo que é simples e fundamental. Até porque não chegaremos aos níveis mais elevados do conhecimento de Deus sem antes sermos excelentes naquilo que é o alicerce da caminhada cristã.

A leitura dessas passagens bíblicas, a meu ver, aponta para uma única questão: não podemos ficar parados! Se enxergamos uma necessidade no ambiente em que estamos e não vemos ninguém que possa trazer a solução a curto prazo, nós devemos ser a resposta. Seja na sociedade como um todo, seja na nossa igreja local, ter essa consciência deve nos trazer um constante senso de alerta. A todo o momento, nosso pensamento deve ser: "O que eu posso fazer para ajudar?", ou ainda "Como amar mais e melhor as pessoas ao meu redor?" e "De que forma eu poderia expressar Jesus onde estou?".

O Antigo Testamento fala sobre diversos homens e mulheres de Deus que não se conformaram em apenas fazer parte do Seu povo ou cumprir uma parte de seus chamados. Independentemente de onde estavam, essas pessoas decidiram fazer a diferença, ora se contrapondo aos regimes autoritários que blasfemavam contra o Altíssimo, ora colocando a "mão na massa", tal como fez Neemias e Esdras, que atuaram como construtores. A Bíblia está repleta de histórias de pessoas posicionadas em diferentes contextos, que contribuíram para que o Senhor fosse exaltado e a Sua vontade fosse concretizada na Terra.

O grande rei Davi, umas das figuras mais importantes em todas as Escrituras, talvez seja o exemplo mais lembrado quando o assunto é coragem, ousadia e dependência de Deus. Quando ele ainda era um jovem pastor de ovelhas, ungido pelo Senhor para ser o governante de Israel, sua nação foi atacada pelos filisteus. Um dos inimigos, o guerreiro mais forte entre eles, Golias, desafiou o povo de Deus, propondo que um dos homens de Israel o enfrentasse em um combate decisivo (cf. 1 Samuel 17.8-10). O vencedor do duelo daria a vitória a todo o seu povo, enquanto os derrotados se tornariam seus escravos.

Golias fez várias afirmações contrárias a Israel durante quarenta dias, mas uma coisa entre todas elas enfureceu Davi: a falta de temor do gigante perante o Senhor dos Exércitos. O fim dessa história você já deve saber, mas um detalhe importante não pode ser esquecido: Davi, sendo pequeno e o filho mais novo em sua casa, tinha todos os motivos para não aceitar aquele desafio e deixar tudo na mão de algum outro soldado treinado. Mas ele conhecia o Deus a quem servia e sabia que, por meio do Seu poder e da unção que estava sobre ele, seria mais forte do que qualquer inimigo. Graças ao seu posicionamento, Davi pôde contemplar o cumprimento da promessa de Deus e, além disso, foi honrado pelo povo por sua bravura.

Neemias e Esdras, em diferentes ocasiões, também cooperaram para a manifestação da glória do Senhor. Ambos viveram num momento específico da História, em que a nação de Israel havia sido destruída por invasões e o povo passava por cativeiro, começando a dar os primeiros passos em direção à liberdade. Eles sabiam da promessa de Deus para os hebreus, mas não se conformaram com ela e decidiram ajudar no que fosse possível. Graças a eles, tanto os muros quanto o templo de Jerusalém foram reconstruídos, marcando seus nomes na História como exemplos de pessoas dispostas a não apenas clamar ao Senhor por ajuda, mas serem instrumentos do milagre.

A lição por trás desses e de tantos outros exemplos é bem óbvia: não podemos ficar de braços cruzados esperando as coisas caírem do Céu; muito menos transformarmos nossa confiança no Senhor em uma desculpa para sermos passivos. Todas as pessoas que hoje podemos considerar referências não chegaram lá do nada. Tenho a mais absoluta certeza de que todos eles foram movidos por uma palavra de Deus, mas não ficaram parados ao ouvi-la, em vez disso, agarraram-se a ela, avançaram com confiança e deram passos de fé.

Logo, se você ainda não descobriu seu chamado, trabalhe, estude, prepare-se, faça alguma coisa. Não importa como for, onde houver alguma necessidade, seja a resposta que procuram. Não podemos desperdiçar a vida que nos foi concedida esperando que algo aconteça. Antes de todo grande avivamento, houve um clamor; antes que um grande pregador arrebatasse multidões, ele precisou pagar o preço buscando a presença do Senhor e aprendendo a respeito d'Ele e da Sua Palavra; antes que médicos, atletas, ministros de adoração, atores ou corredores de Fórmula 1 alcançassem o sucesso, precisaram passar anos aprendendo as técnicas corretas. Enfim, a lista de exemplos que eu poderia mencionar é imensa.

> **Antes de todo grande avivamento, houve um clamor.**

O segredo, no entanto, é alcançar o equilíbrio. Você já deve ter compreendido que a oração sem atitudes não nos leva a lugar algum. Por outro lado, agir sem direção do Alto, buscando apenas a aprovação de homens ou a própria satisfação, é um caminho tortuoso. Se Jesus é nosso exemplo supremo, devemos nos desenvolver como Ele:

> Jesus ia crescendo em sabedoria, estatura e graça diante de Deus e dos homens. (Lucas 2.52)

Se na vida existe um tempo determinado para cada coisa, como a Palavra diz em Eclesiastes 3, nosso crescimento não foge à regra. Cristo, ao nascer e viver como homem na Terra, também passou por todas as fases, desde a infância, adolescência, juventude e idade adulta, até que Ele pudesse dar início ao Seu ministério efetivamente. O versículo acima é bem específico: Cristo crescia e Se desenvolvia diante de Deus e dos homens. Um degrau de cada vez, até que Ele tivesse autonomia e estivesse preparado para iniciar Seu ministério e pregar as Boas Novas.

Por isso, não se desespere. Viva cada momento de sua existência assimilando, atentamente, cada um de seus aprendizados. Nem um momento de oração em secreto, nem uma hora que passamos com nossos líderes sendo ensinados, nem mesmo as intermináveis aulas na escola ou na faculdade serão desperdiçadas. Nosso Deus é especialista em nos encaixar no devido lugar para aproveitar tudo o que acontece em nossas vidas para Sua glória.

ORE COMIGO

Senhor Deus, agradecemos por Sua fidelidade para conosco em todo o tempo. Sabemos que Seus ouvidos estão atentos às nossas orações e que podemos contar com Seus milagres na medida em que avançamos em nossos caminhos de acordo com a Sua vontade.

Por isso, não iremos parar: trabalharemos pela propagação das Boas Novas e pela manifestação do Seu amor onde estivermos. Estamos dispostos a realizar a Sua obra, independentemente de qual seja a tarefa. Eis-nos aqui, envia-nos. Em nome de Jesus, amém.

ANOTAÇÕES

Parte 3

CAMPO DE BATALHA
7 MONTES

Dia 15

COMO ORAR E AGIR POR NOSSAS FAMÍLIAS?

**Com a participação de
Angela Sirino**

O tema "família" pode ser um divisor de opiniões dependendo de sua experiência, afinal, cada um vem de um contexto diferente. Mas fato é que todos fazemos parte de uma. Mesmo pessoas que sofreram traumas na infância e até aquelas que viram seus pais ou parentes se afastarem, em algum momento, irão se deparar com alguém que elas consideram referências familiares de alguma forma, ainda que, nesse caso, trate-se apenas de uma relação de respeito. Diversas configurações e debates nos cercam a todo o momento; e é possível, ainda, que a mesma pessoa tenha opiniões diferentes sobre esse assunto, de acordo com a idade e outros fatores externos.

> **A família foi a primeira instituição criada. E ela não é fruto de convenções humanas ou apenas de algum sentimento romântico, mas um projeto estabelecido pelo próprio Deus.**

> **Eu e você fomos resgatados de contextos destruídos, em que o pecado reinava, para um novo lugar, cheio de luz, amor verdadeiro e uma família espiritual.**

Deixando um pouco de lado esse papo mais filosófico e voltando lá na origem da família, conseguimos entender melhor o porquê de esse tema ser algo que mexe tanto conosco. Para alguns, pode ser óbvio; mas vale lembrar que a família foi a primeira instituição criada. E ela não é fruto de convenções humanas ou apenas de algum sentimento romântico, mas um projeto estabelecido pelo próprio Deus (cf. Gênesis 2.15-24). Em uma visão ainda mais ampla, observando desde a Lei dada a Moisés até o sacrifício de Cristo e a descida do Espírito Santo, vemos um Pai cuidadoso ensinando Seus filhos ao longo dos séculos – uma história de amor protagonizada pelo Criador e Sua criação, e que se perpetuará por toda a eternidade.

Lindo, não? Mas como falei antes, para muitas pessoas, essa parece ser uma ideia muito distante da realidade. O que constatamos todos os dias é como essa união divina foi deturpada e perdeu quase todo o seu crédito. Vemos especialistas em temas sociais e grandes pensadores, todos eles criados em algum tipo de família, defendendo o fim dessa instituição. Apesar de não ser uma regra, vários jovens, mesmo os que iniciaram um relacionamento, não planejam se casar e dar sequência ao plano de Deus para a humanidade.

Pelo contrário, em nome da chamada "independência e liberdade", o valor da família e sua importância para a estabilidade das sociedades foi descartada: "Por que se casar?", "Filhos? Estou muito bem sozinho", "Passar o mesmo sofrimento que minha mãe passou?", "Ser traído como meu pai foi?". A lista de pensamentos que confrontam a ideia de uma família sadia é imensa. E, com certeza, você já ouviu falar que, quando uma mentira é repetida diversas vezes, ela acaba sendo encarada como verdade.

Veja bem, não há como negar que os exemplos mundo afora validam esses questionamentos, mas dizer que esse é um padrão que só vai se repetir e que não há solução é um terrível engano. Por isso, antes de tudo, se você faz parte do Corpo de Cristo e foi iludido por alguma dessas mentiras, quebre-as nesse exato momento. Eu e você fomos resgatados de contextos destruídos, em que o pecado reinava, para um novo lugar, cheio de luz, amor verdadeiro e uma família espiritual.

Logo, não faz sentido continuar carregando mágoas e traumas do passado ou mesmo aceitando os ataques à família como se isso fosse normal. Todos nós, independentemente da esfera para qual fomos chamados a atuar trazendo o Reino de Deus, temos a responsabilidade de confrontar tudo isso e interceder pelas famílias de forma intencional. Quando oramos por elas, não estamos apenas pedindo por bênçãos em nossos lares ou pela proteção sobre filhos e parentes, mas nos colocando na linha de frente para proteger uma instituição idealizada pelo próprio Deus.

> **Todos nós, independentemente da esfera para qual fomos chamados a atuar trazendo o Reino de Deus, temos a responsabilidade de confrontar tudo isso e interceder pelas famílias de forma intencional.**

Encare a oração pela família com uma mentalidade de guerra, pois essa batalha é travada todos os dias e diz respeito àqueles que mais amamos. Entenda: é impossível ter consciência dessa verdade e deixar que abusos e disfunções continuem existindo em nossos seios familiares. Então, vamos lá! Por onde começar? Para iniciar nossa discussão, nunca é demais recordar o que é o Reino de Deus e como ele afeta todas as áreas de nossas vidas, inclusive nossas famílias e propósitos:

> Pois o Reino de Deus não é comida nem bebida, mas **justiça, paz e alegria no Espírito Santo**; aquele que assim serve a Cristo é agradável a Deus e aprovado pelos homens. (Romanos 14.17-18 – grifo do autor)

> Portanto, vão e **façam discípulos de todas as nações**, batizando-os em nome do Pai e do Filho e do Espírito Santo, ensinando-os a obedecer a tudo o que eu lhes ordenei [...] (Mateus 28.19-20 – grifo do autor)

Se é possível sintetizar o objetivo de levarmos o Reino a todas as esferas da sociedade, significa implantar um padrão celestial onde quer que estejamos inseridos. Assim, cumprimos o comissionamento dado por Jesus de fazer discípulos de todas as nações, atuando nas diferentes áreas [ou esferas] de influência, que são: família, igreja, educação, governo, mídia, artes, economia e negócios.[1] Afinal, todas essas categorias carecem da intervenção divina para que se tornem cada vez mais semelhantes à realidade dos Céus.[2]

Para tanto, a passagem de Romanos serve como base para compreendemos que a justiça deve ser manifestada onde a injustiça, o preconceito e a desigualdade reinam. Devemos levar a paz aos ambientes mais violentos, mantendo uma mente pura

---

[1] CUNNINGHAM, Loren. **Alcançando as sete áreas de influência**. Publicado por Jocum Brasil, em 3 de dezembro de 2012. Disponível em: *https://jocum.org.br/as-7-areas-de-influencia/*. Acesso em agosto de 2020.

[2] Para entender melhor a respeito da visão das sete áreas de influência da sociedade, recomendamos a leitura do livro **Template social do Antigo Testamento**, da autora Lana Cope.

e guiada pelo Espírito Santo. Da mesma forma, onde existe tristeza, dor, sofrimento e qualquer outro tipo de mal, a alegria genuína deve tomar conta de todos os espaços.

E que lugar melhor para iniciar esse processo de mudança espiritual e cultural do que na família? Aliás, sendo a base e o molde em que tudo o que conhecemos foi espelhado,

> **Encare a oração pela família com uma mentalidade de guerra, pois essa batalha é travada todos os dias e diz respeito àqueles que mais amamos.**

não existe outro ponto de partida. Sonhar com mudanças na política, uma nova consciência na Igreja, uma reforma educacional ou uma revolução econômica, sem antes passar pela família, é o mesmo que construir uma casa começando pelo teto. Você pode até fazer um belo telhado no chão, com os melhores materiais que encontrar, mas e depois? Como irá erguer aquela estrutura e ainda sustentá-la sem vigas ou paredes? Não há outra maneira: a família deve ser nossa prioridade.

Pensando dessa forma, percebemos como essa instituição essencial perdeu seu lugar de relevância e referência na vida de muitos. Posso dizer ainda que esse não é um problema recente, mas algo que já era alertado desde o tempo dos apóstolos. Paulo, em sua primeira carta à Timóteo, depois de dar alguns conselhos sobre o comportamento de um presbítero exemplar, faz um sério questionamento:

> **Devemos levar a paz aos ambientes mais violentos, mantendo uma mente pura e guiada pelo Espírito Santo.**

> Pois, se alguém não sabe governar sua própria família, como poderá cuidar da igreja de Deus? (1 Timóteo 3.5)

Por meio dessa pergunta do apóstolo ao seu filho na fé, enxergamos um grave problema nas entrelinhas. Infelizmente, muitos irmãos, por se sustentarem em um suposto cuidado com a "obra de Deus", deixam de lado seus familiares como se fossem uma segunda opção. Entretanto, o que Paulo reforça nessa passagem é que é impossível priorizar qualquer tipo de trabalho sem que a família esteja em primeiro lugar. Afinal, a qualidade do serviço que prestamos ao Senhor é um reflexo daquilo que fazemos aos nossos entes queridos.

Observando esse exemplo, também conseguimos fazer alguns paralelos com nossa realidade atual, expandindo nosso diagnóstico sobre essa falha comportamental. Quantos jovens e adolescentes, no auge de sua puberdade, indignados com todos os problemas do mundo, não querem ser parte de uma revolução?! Clamam por reformas, fazendo todo o barulho necessário e, em uma bela manhã, escutam de seus pais: "Fulano, já arrumou sua cama?". Então, parece que todo aquele vigor vai embora e a realidade, mais uma vez, vem à tona. Em outras palavras, quantos de nós não queremos ver a sociedade ser transformada pelo Reino, enquanto nossas casas estão abandonadas e nossos relacionamentos mais íntimos se encontram destruídos?!

> **Como família, existe uma missão específica para cada membro, independentemente da idade.**

É importante clamar pelas nações? Pelo pleno avivamento? Pela conversão de almas? Sem sombra de dúvidas. Mas se nossas orações não levam em conta um dos bens mais preciosos concedidos por Deus a cada um de nós, todos os outros pedidos acabam perdendo a relevância. Por mais complicadas que sejam as questões que afetam nossas casas ou o relacionamento com nossos pais ou parentes, elas não podem ser ignoradas. A Terra clama por exemplos a serem seguidos, e nós, cristãos, temos nas mãos todas as ferramentas para estarmos nessa posição de referência. No entanto, sem uma família saudável nos sustentando, dando todo o suporte necessário, dificilmente chegaremos a algum lugar.

Como família, existe uma missão específica para cada membro, independentemente da idade. Se você é uma criança, iniciando a adolescência, sua tarefa é ser luz em seu lar, com obediência, humildade e atenção para os aprendizados do cotidiano. Caso seja jovem, entrando na fase adulta, é o momento de se posicionar e enfrentar os amadurecimentos, auxiliando quem está próximo de você da melhor maneira possível. Pais e mães, ou mesmo avós e tios, que estão à frente de uma casa, devem ensinar pelo exemplo, liderando sua família de acordo com a vontade de Deus.

Mesmo que você não esteja em uma posição como essa, é possível contribuir com experiências e compreender sua função exatamente onde você se encontra. Eu garanto que todos nós temos uma parcela para somar, seja qual for a fase da vida em que estamos.

Se você tem essa oportunidade, não perca tempo. Nem que seja algo muito rápido, tenha ousadia de convidar alguém de sua casa para dar as mãos e declarar um novo começo em seu lar. A partir daí, é fundamental introduzirmos Deus em nossas famílias, mesmo no que diz respeito às coisas mais comuns, como agradecer o pão de cada dia, por exemplo. Se você tem filhos, ensine-os o hábito de orar e ler a Palavra, levante um altar de adoração ao Senhor dentro de sua casa. Quando uma família se une em oração, algo poderoso acontece no mundo espiritual. Afinal, nosso Inimigo não enxerga mais uma pessoa sozinha, lutando com suas próprias forças, mas um pelotão que caminha, batalha e vence junto, pois está firmado no propósito divino da união.

> **Quando uma família se une em oração, algo poderoso acontece no mundo espiritual. Afinal, nosso Inimigo não enxerga mais uma pessoa sozinha, lutando com suas próprias forças, mas um pelotão que caminha, batalha e vence junto.**

Temos de colocar nossos lares diante do Senhor. Portanto, ore por seus pais, avós, tios e primos, para que sejam alcançados pelo amor do Pai. Se for casado, ore por seu cônjuge; caso tenha filhos, ore para que tenham encontros com a presença de Deus e se convertam a Ele. Se esses ainda forem planos futuros para sua vida, coloque-os diante do Senhor para que se cumpram no tempo devido e do jeito certo. Seja qual for seu papel no lar, clame por sabedoria, isso será essencial. Além do mais, permita que o Senhor fale ao seu coração a respeito de sua história familiar; e se tiver de perdoar alguém, não hesite, lute para que a união e o amor genuíno reinem em seu lar.

Ainda que a situação não esteja favorável no momento, comece a agir com passos de fé, iniciando a mudança dentro de você. Seja a filha que você quer ter, o pai ou mãe com quem você sonhava ter convivido e, acima de tudo, o servo que coopera com os planos do Pai.

ORE COMIGO

Deus, o Senhor é o nosso Pai perfeito. Somos gratos por Seu infinito amor que nos satisfaz por completo. Em Ti, encontramos toda aceitação, afirmação e provisão de que necessitamos.

Agradecemos também por nossas famílias terrenas. Sabemos que são imperfeitas, mas reconhecemos Seu amor por elas e Seu desejo de torná-las verdadeiras expressões do Seu Reino de paz, justiça e alegria no espírito.

Nós nos dispomos a fazer nossa parte, intercedendo por nossos familiares e tendo condutas exemplares em nossos lares. Por isso, pedimos por sabedoria divina, assim saberemos lidar com os desafios de cada dia. Em nome de Jesus, amém.

ANOTAÇÕES

Dia 16

COMO ORAR E AGIR POR NOSSAS IGREJAS?

Com a participação do pastor Junior Rostirola

Existe uma confusão na cabeça de muitas pessoas quanto ao trabalho na igreja. Há quem diga que o "secular" e o "sagrado" não podem ser misturados. Nesse sentido, muitos irmãos reduzem a atuação dessa esfera à pregação da Palavra, ao cuidado de almas ou até mesmo à ministração de louvor. No entanto, dentro de uma visão bíblica, a função da igreja é basicamente ser o centro de capacitação ou de treinamento espiritual para nós que fomos "chamados para fora", como a própria palavra *ekklesia*, utilizada no contexto em que Jesus estabelece essa instituição, descreve e é traduzida como "igreja".

> E eu lhe digo que você é Pedro, e sobre esta pedra edificarei a minha **igreja**, e as portas do Hades não poderão vencê-la. (Mateus 16.18 – grifo do autor)

A respeito desse acontecimento, observe o que Ed Silvoso[1] aponta:

> A Igreja que Jesus lançou precisa ser expansiva, como sal, água, luz ou fermento – metáforas que Ele usou para descrever o Reino de Deus –, e nenhum desses é eficaz se contido ou controlado. Sal deixado em um saleiro é inútil. Água parada se torna pútrida. A luz que está bloqueada resulta em escuridão. O fermento em um recipiente permanece inerte. Jesus foi muito claro quando introduziu a Igreja. Ele afirmou inequivocamente que as Portas do Hades não prevaleceriam contra ela. Não há dúvida de que esses portais estão profundamente arraigados em nossas cidades e nações – onde trabalhamos, moramos ou vamos à escola. Mas a Igreja também está! De fato, a Igreja é a única instituição na Terra que tem uma filial em cada cidade e um representante em cada bairro [...] Empresas, escolas e governos, injetados com o fermento do Reino de Deus, estão experimentando o que até agora era concebido como possível somente dentro das quatro paredes da igreja.[2]

Ou seja, na igreja, recebemos as ferramentas espirituais necessárias para nos tornarmos agentes de transformação na sociedade. Assim como um jogador de futebol treina no clube antes de partir para jogar em campeonatos mundo afora, nossa comunidade local seria como um centro de treinamento.

Enquanto membros do Corpo de Cristo, uma vez que estamos devidamente preparados – capacitados com a Palavra e tendo uma vida de oração e devoção ao Senhor –, nós nos

---

[1] Autor *best-seller*, fundador e presidente do Harvest Evangelism e da rede Transform Our World, que luta para acabar com a pobreza sistêmica mundial e para expandir o Reino de Deus na sociedade. É reconhecido mundialmente como um dos avivalistas mais inspiradores da nação argentina.

[2] SILVOSO, Ed. **Ekklesia**: a revolução começa na igreja. São Paulo: Quatro Ventos, 2019.

> **Capacitados com a Palavra e tendo uma vida de oração e devoção ao Senhor –, nós nos tornamos embaixadores do Reino ao redor da Terra.**

tornamos embaixadores do Reino ao redor da Terra. Isto é, mais do que carregarmos o rótulo de "evangélicos", devemos ser a resposta para o mundo, ou melhor, aqueles que expressam ou apontam para a verdadeira solução que o mundo tanto precisa: Jesus Cristo.

Desse modo, passamos a atuar de acordo com o real propósito da Igreja estabelecida por Jesus ao levantar Pedro para instituir a *ekklesia*, que é ser uma igreja efetiva e relevante, atuando fora de suas paredes. Para tanto, devemos estar totalmente pautados na Palavra, assim como está escrito em Tiago 1.27:

> A religião que Deus, o nosso Pai, aceita como pura e imaculada é esta: cuidar dos órfãos e das viúvas em suas dificuldades e não se deixar corromper pelo mundo.

Com isso, entendemos que é nosso dever nos atentarmos às mazelas que afetam a vida das pessoas ao nosso redor. A Igreja efetiva e relevante que devemos ser também desenvolve empatia pelas pessoas. Em Neemias 1, a Palavra diz que:

> E eles me responderam: "Aqueles que sobreviveram ao cativeiro e estão lá na província, passam por grande sofrimento e humilhação. O muro de Jerusalém foi derrubado, e suas portas foram destruídas pelo fogo". Quando ouvi essas coisas, sentei-me e chorei. Passei dias lamentando, jejuando e orando ao Deus dos céus. (vs. 3-4)

Na maioria das vezes, quando observamos a história de Neemias, associamos sua atitude de reconstruir os muros de

Jerusalém simplesmente como uma expressão de amor por suas origens. No entanto, antes desse sentimento, sua indignação com o estado da cidade tinha muito mais a ver com o senso de pertencimento enquanto participante da obra de Deus e da Igreja. O texto diz que, ao ouvir sobre tudo o que havia acontecido, Neemias precisou se sentar. Após isso, ele chorou, jejuou e orou ao Senhor por uma solução. No fim das contas, ele deve ter se convencido de que algo precisava ser feito, colocando-se não mais na posição de alguém que enxerga o problema, mas que entende a necessidade de ser uma ferramenta para que a restauração fosse possível.

> **As pessoas que nos cercam entendem que carregamos algo capaz de transformar suas realidades.**

Além disso, como vimos, Neemias se preocupou com um povo que ele nem conhecia, sentindo a dor daqueles que necessitavam de ajuda. É justamente isso o que acontece quando olhamos ao nosso redor com a perspectiva do amor de Deus. Ele, então, nos capacita com recursos celestiais para trazer o que eles precisam, seja cura, libertação, palavras de esperança ou amor. Assim, as pessoas que nos cercam entendem que carregamos algo capaz de transformar suas realidades, de sorte que a Igreja que devemos ser tem a visão do sobrenatural. Em meio ao caos, Neemias conseguiu visualizar a restauração da cidade. A partir disso, começou a trabalhar pela reconstrução dos muros, como a Palavra diz em Neemias 2.17:

> Então eu lhes disse: Vocês estão vendo a situação terrível em que estamos: Jerusalém está em ruínas, e suas portas foram destruídas pelo fogo. Venham, vamos reconstruir o muro de Jerusalém, para que não fiquemos mais nesta situação humilhante.

Uma vez que entendemos a importância da Igreja e o nosso papel como parte dela neste mundo, devemos, na mesma medida, reconhecer seu valor enquanto instituição. A Igreja, com "I" maiúsculo, é aquela à qual Jesus se referiu como Sua Noiva. E no que diz respeito à nossa conexão com Ele, faz uma analogia na qual nos comparou com os ramos de uma árvore:

> "Eu sou a videira verdadeira, e meu Pai é o agricultor. Todo ramo que, estando em mim, não dá fruto, ele corta; e todo que dá fruto ele poda, para que dê mais fruto ainda. Vocês já estão limpos, pela palavra que lhes tenho falado. Permaneçam em mim, e eu permanecerei em vocês. **Nenhum ramo pode dar fruto por si mesmo, se não permanecer na videira.** Vocês também não podem dar fruto, se não permanecerem em mim". (João 15.1-4 – grifo do autor)

Por meio desse ensinamento, o Mestre nos explica qual a característica fundamental para ser Igreja: estar n'Ele. Quando aceitamos o Seu sacrifício e abraçamos a salvação, somos inseridos em Seu Reino. Com isso, fazemos parte do Seu Corpo na Terra, um organismo vivo que possui vários membros espalhados em diferentes áreas, esferas e localidades. Cada um possui sua função específica e foi designado para um chamado que o Senhor planejou cuidadosamente. E para cumprir esse propósito divino, é necessário que essa pessoa esteja alinhada à vontade do Pai por intermédio do Cabeça, que é Cristo.

> A Igreja, com "I" maiúsculo, é aquela à qual Jesus se referiu como Sua Noiva.

Fique calmo, viver todas essas informações na prática, apesar de requerer, sim, sacrifício, entrega e obediência, não é impossível, basta que deixemos o Consolador testificar Suas

> **O Mestre nos explica qual a característica fundamental para ser Igreja: estar n'Ele.**

verdades em nossos corações. A partir disso, compreendemos que fazemos parte de uma comunidade. Parece um exemplo bobo, mas você já deve ter ouvido que não é possível um braço sobreviver sozinho – assim como um olho ou uma perna. Qualquer órgão, do menor ao maior, só possui uma função quando está ligado ao corpo. Também é dessa forma que a Igreja de Cristo é organizada.

Nosso Deus não habita em prédios ou templos (cf. Atos 7.48), mas escolheu cada um dos Seus filhos como Sua morada. Ao mesmo tempo que isso é incrível, pode gerar algumas questões, como: "Então, por que precisamos de uma igreja local?". Em mais de dois milênios de cristianismo, essa é, possivelmente, uma das perguntas mais feitas e fonte de discussões intermináveis. Sem entrar muito nesse mérito, é inegável que o poder da união dos santos supera, de modo significativo, a força de alguém que está sozinho.

Aquilo que construímos no secreto com Deus e as experiências que temos com Ele são extraordinárias, mas quando estamos unidos a outras pessoas nesse mesmo propósito, existe algo poderoso que é gerado no mundo espiritual e que só pode acontecer quando estamos em unidade. Também é importante lembrar que quando Jesus voltar pela segunda vez, virá para buscar a Sua Noiva, e não pessoas individualmente.

Por isso, entenda que espaços físicos, como templos e igrejas, são lugares preparados e estabelecidos com esse único intuito: promover a unidade, celebração e capacitação do Corpo. Quando temos esse entendimento,

> **Cada um possui sua função específica e foi designado para um chamado que o Senhor planejou cuidadosamente.**

além de deixarmos de lado vários enganos, valorizamos cada encontro como se fosse único, o que de fato é.

Depois de fazermos essa distinção, é preciso estabelecer que a Bíblia nos mostra o quanto Deus se preocupa com a Igreja, além de levantar lideranças em meio ao Seu povo, capazes de gerenciar, trazer direcionamentos e dedicar suas vidas em função do chamado ministerial. Desde a separação dos sacerdotes e levitas até a escolha dos apóstolos e demais líderes da Igreja primitiva, encontramos um padrão celestial específico para essa área de influência na sociedade.

Espero que até aqui você já tenha compreendido que todos somos Igreja. Ainda que o Senhor levante homens e mulheres dedicados primordialmente à Sua obra no Corpo, cada um de nós tem sua participação nisso enquanto Noiva de Cristo. Portanto, o envolvimento, seja auxiliando ativamente em um ministério, servindo em sua igreja local, ou mesmo intercedendo por aqueles que o fazem, é um passo natural de quem compreendeu o valor da Igreja e, consequentemente, a importância de estar engajado em uma comunidade. Sendo assim, qualquer desculpa que você possa usar, como falta de tempo ou disposição, vão por água abaixo. Todos estamos na linha de frente para que o Reino continue avançando; e nossos esforços, junto às nossas igrejas locais, são mais uma das maneiras pelas quais travamos essa batalha.

> **Nosso Deus não habita em prédios ou templos (cf. Atos 7.48), mas escolheu cada um dos Seus filhos como Sua morada.**

Quando criamos raízes no local onde o Senhor nos plantou, estamos dando liberdade para que o Espírito Santo nos use para frutificar naquele ambiente. São nesses momentos de serviço ao

Corpo de Cristo que o Ele Se manifesta de forma única: somos bombardeados com estratégias do Céu e novas ideias para que o Reino de Deus possa crescer e influenciar. Como a Bíblia confirma, e você já deve ter entendido, a presença do Senhor se expressa quando Sua Igreja se une com um único propósito:

> Pois onde se reunirem dois ou três em meu nome, ali eu estou no meio deles. (Mateus 18.20)

> **Todos estamos na linha de frente para que o Reino continue avançando; e nossos esforços, junto às nossas igrejas locais, são mais uma das maneiras pelas quais travamos essa batalha.**

Sendo assim, ao mesmo tempo em que temos o compromisso de estabelecer o Reino de Deus nessa Terra, fora das quatro paredes da igreja, tudo começa dentro dela. Portanto, temos de nos reconhecer enquanto parte da Noiva amada do Senhor, de modo que entendemos nosso comprometimento tanto dentro quanto fora desse ambiente, isto é, ao mesmo tempo em que somos Igreja, somos capacitados e inseridos pelo Senhor em uma igreja local, à qual devemos amar e honrar por ser uma extensão de Jesus na Terra.

ORE COMIGO

Senhor Deus, obrigado por estabelecer a Sua *ekklesia* para nos preparar e capacitar a fim de oferecermos a resposta que o mundo precisa, que é o Seu Filho Amado, Jesus.

Reconhecemos o valor que há em estarmos unidos enquanto Corpo de Cristo, no qual cada um atua de acordo com uma função específica. Obrigado pelo amor e entrega do nosso Noivo, Jesus, por nós. Honramos ao Senhor para sempre. Em nome de Jesus, amém.

ANOTAÇÕES

Dia 17

COMO ORAR E AGIR PELA EDUCAÇÃO DO BRASIL?

**Com a participação de
Davi Lago**

Poucos prazeres na vida causam uma sensação tão forte de dever cumprido quanto o ensino. Quando aprendemos a ler e a escrever, nossa primeira atitude é tentar decifrar o máximo de textos que vemos em nossa frente, ainda que sejam anúncios espalhados pelas ruas. Para quem nos ensinou, a alegria de ver outra pessoa utilizando o conhecimento que foi transmitido também é extraordinário. Todos nós, de uma forma ou de outra, somos "professores" em alguma área da vida. Seja ensinando um amigo a dirigir, seja instruindo um irmão menor a fritar um ovo, é muito interessante como o aprendizado tem o poder de modificar realidades nos mais diferentes níveis de profundidade.

O período de estudos, que compreende toda a infância, adolescência e o início da vida adulta – podendo se perpetuar por mais anos ou até mesmo nunca terminar –, é maravilhoso. Você e eu não precisamos nos esforçar nem um pouco para relembrar algum episódio dessa época maravilhosa de descobertas. Seja para o bem ou para o mal, o tempo que passamos sentados em uma cadeira, escutando vários mestres ministrando sobre os mais diversos assuntos, marcou as nossas vidas.

> **Todos nós, de uma forma ou de outra, somos "professores" em alguma área da vida.**

Dependendo da importância de certos ambientes e pessoas, sentimos uma nostalgia que nos arrebata, quase que nos levando de volta àqueles lugares – à aula de uma disciplina favorita ou a uma fala específica de algum professor?! Aliás, passar um tempo relembrando nos mostra o quanto a vida passa por diversos ciclos, mas o ensino sempre estará presente em todos eles. A meu ver, o que realmente nos marca, em muitas situações, não é nem o assunto em si, mas a forma como aquele conteúdo nos foi transmitido.

Percebe como a educação ocupa um espaço privilegiado em nossas mentes? Mesmo que você seja um estudante nesse momento e ache a escola uma chatice sem fim, valorize cada minuto. Ainda que você não tenha memórias tão marcantes assim, vai perceber, lá na frente, como essa foi uma temporada decisiva em sua vida, marcando transições, amadurecimentos, laços de amizade, decepções e, com toda certeza, lições que você carregará por toda sua existência.

Se falar sobre o ato de ensinar em poucas linhas já nos emociona, por que será que tantos profissionais se sentem desvalorizados quando optam por uma carreira nessa área em nosso país? E o que aconteceu, de uns anos para cá, que a educação se tornou cada vez mais sucateada e perdeu seu valor? Hoje em dia, muitos jovens veem seu tempo no colégio apenas como mais uma obrigação da vida, e há tempos perderam aquele brilho no olhar ao pensar nesse ambiente. Apesar de existirem várias exceções, algumas crianças e adolescentes passaram a enxergar a sala de aula apenas como um lugar de atraso ou o ponto de encontro com amigos. Alinhado à falta de estrutura e de novas abordagens de ensino, professores e alunos acabam perdendo suas motivações, e o propósito do aprendizado é esquecido no meio do caminho.

Especialistas, pesquisadores ou até mesmo pessoas leigas tentam dar uma justificativa para esse problema. Para alguns, o agravante sempre será que "o governo que não se importa com o futuro"; para outros, serão os péssimos currículos e conteúdos ensinados atualmente. E as justificativas se multiplicam, abrangendo a falta de interesse dos educadores, pouca participação dos pais, influências culturais sobre os jovens, e por aí vai. Mesmo que pareça um cenário trágico e uma afirmação muito negativa de se fazer, pode-se dizer que vivemos uma somatória de todos esses fatores.

Valorize cada minuto.

Sendo assim, será possível encontrar o ponto onde as coisas se perderam? Infelizmente, a grande maioria das pessoas não está preocupada com isso. Acabam apontando para um culpado, sobre quem os julgamentos possam ser despejados e seguem em frente, como se nada tivesse acontecido. Falas como: "Não tenho nada a ver com isso, o problema é de quem ensina!", demonstram como a educação, que amamos dizer que é a base de todas as profissões, entrou no patamar de "tema sem perspectiva de melhora". Logo, é fácil concluir como todos nós temos nossa fatia nessa pizza e, portanto, também somos nós quem decidimos se ela será boa ou ruim.

Em primeiro lugar, se você recebeu um direcionamento para atuar na esfera da educação, considere-se alguém que carrega uma missão muito especial. Observar uma área tão mal vista por tantas pessoas e persistir, confiando no Deus que o chamou, faz de você alguém diferenciado. Por isso, exerça com alegria e autoridade aquilo que foi colocado em suas mãos, permanecendo firme nas palavras que o Senhor liberou sobre a sua vida.

Muitas pessoas, quando chegam nesse ponto de seus chamados, enxergam nas universidades uma grande necessidade do amor de Deus. Por isso, se posicionam para pregar o Evangelho ali mesmo, levando a verdade de Cristo para a vida de seus colegas. E se isso também queima em seu coração, vá em frente. Quem sabe, você já tenha tido contato com algum movimento cristão dentro da sua própria faculdade ou já tenha acompanhado essas ações pelas redes sociais?! É inegável a mudança que iniciativas como essas têm proporcionado no ambiente estudantil, marcando alunos de diferentes idades e origens com as Boas Novas.

> **Se você recebeu um direcionamento para atuar na esfera da educação, considere-se alguém que carrega uma missão muito especial.**

Tudo isso é maravilhoso e muito válido. Agora, imagine se essa mudança de mentalidade começasse antes mesmo de esses jovens colocarem os pés em uma universidade? Pensando dessa maneira, em minha opinião, uma das melhores estratégias para o momento em que vivemos em nosso país é atingir às escolas, em especial às de ensino fundamental e médio, pois são elas o ponto central para que uma transformação social seja possível.

Para muitos, isso pode parecer impossível, mas não é loucura pensar dessa forma, levando em conta a rapidez com que o ciclo de alunos muda a cada ano. Pense comigo: a cada quatro ou cinco anos, que é a duração de um curso superior, teremos novas turmas sendo formadas. Assim, uma vez que foram impactados pelo Evangelho na escola, os estudantes que adentram às universidades já têm a mente de Cristo e, portanto, estarão firmes em seus propósitos, sendo agentes de transformação no que diz respeito ao futuro de nossa nação. Veremos então um avivamento sustentável tocando todos as demais áreas da sociedade. E é aí que entra você, que foi chamado para essa esfera em específico.

Mas tenha calma! Esse senso de responsabilidade não deve causar pânico ou peso. Mesmo que sejamos filhos de um Deus que pode tudo, não tente levar o mundo em suas costas, esperando que a situação se resolva da noite para o dia. Entretanto, imagine-se como um soldado de elite, escolhido a dedo pelo General para lutar uma batalha que muitos já desistiram. Diferente deles, você terá contato direto com o Senhor dos Exércitos, que o capacitará com estratégias que fogem à lógica terrena, pois vêm direto do Reino Celestial.

Antes que estudos complicados fossem elaborados, a Bíblia já nos contava como a instrução correta de uma criança tem o poder de influenciar todo o seu futuro. Professores e professoras, capacitados pelo próprio Deus para transmitir bons preceitos, são peças fundamentais para estender as bênçãos do Senhor sobre as próximas gerações:

> Instrua a criança segundo os objetivos que você tem para ela, e mesmo com o passar dos anos não se desviará deles. (Provérbios 22.6)

Se, por outro lado, você observa essa situação de fora e intercede para que Deus continue chamando e capacitando profissionais do Reino na educação, também já está fazendo algo grandioso. De fato, esses irmãos precisam de todo o suporte, seja de pessoas que possam investir em sua capacitação, seja de pessoas que possam orar por eles. De igual modo, pais ou quaisquer pessoas que possuam algum papel de ensino sobre outros, precisam compreender sua responsabilidade nesse assunto.

Dentro de suas casas, há um ser em pleno desenvolvimento, absorvendo os mais diferentes conteúdos e ideias todos os dias. Falando, especificamente, sobre

> Imagine-se como um soldado de elite, escolhido a dedo pelo General para lutar uma batalha que muitos já desistiram.

o tempo em que estamos, a informação é compartilhada a cada segundo, com atualizações em sequência. Assuntos que demorariam anos para serem debatidos no passado, hoje, são assimilados em vídeos curtos ou conversas que envolvem frases de efeito. Mesmo a leitura ganhou espaço em *smarthphones* e *tablets*, removendo barreiras de aprendizado para pessoas de origens diversas.

Mais do que nunca, o mundo que nos cerca exige um posicionamento do povo de Deus. Se as estratégias de engano e perdição foram atualizadas, pais, mães e jovens conscientes também precisam se adequar. Cada estação exige uma percepção diferenciada sobre o que o Espírito está direcionando e se a forma de educar está totalmente conectada a essa questão. Através do padrão do Céu, precisamos demonstrar ao mundo que aquilo que transmitimos não é obsoleto, mas sim uma ferramenta sobrenatural eficaz para compreender o problema e solucioná--lo. Para tanto, mesmo que alguns métodos sejam revistos, a mensagem central das Escrituras deve ser mantida e defendida, bem como fixada na mente dos pequenos, como instrui o livro de Deuteronômio:

> Que todas estas palavras que hoje lhe ordeno estejam em seu coração.
> **Ensine-as** com persistência a seus filhos. Converse sobre elas quando

estiver sentado em casa, quando estiver andando pelo caminho, quando se deitar e quando se levantar. (Deuteronômio 6.6-7 – grifo do autor)

Por mais que educar seja algo belo e nobre, é uma missão que demanda paciência, tempo e dedicação. Até porque, se estamos na posição de transmitir conhecimento, consideramos que, quem nos escuta, não compreende aquele assunto. Se quando você pensa nisso fica desesperado, imaginando como será ensinar um filho ou um aluno no futuro, não deixe que isso o consuma. Antes de tudo, clame a Deus pedindo sabedoria, paciência e todo o discernimento para agir nas mais diversas situações.

Com o tempo, percebemos que os ensinamentos estão por aí, apenas esperando para serem captados. Para isso, nem sempre necessitamos estar sentados em frente a um quadro cheio de anotações. Muitas vezes, conversas, passeios a lugares históricos e viagens para regiões com culturas diferentes da nossa nos ensinam muito mais a respeito de determinados assuntos do que as aulas tradicionais. Basta estarmos atentos e dispostos a aprender.

Inclusive, o próprio Jesus foi exemplo de alguém comprometido com o aprendizado. A Palavra diz que Ele "[...] ia crescendo em sabedoria, estatura e graça diante de Deus e dos homens" (Lucas 2.52). E mais tarde, a instrução que Ele dá, quando O questionam a respeito de como herdar a vida eterna, é a seguinte:

> **Por mais que educar seja algo belo e nobre, é uma missão que demanda paciência, tempo e dedicação.**

[...] Ame o Senhor, o seu Deus de todo o seu coração, de toda a sua alma, de todas as suas forças e de **todo o seu entendimento** [...] (Lucas 10.27 – grifo do autor)

Ou seja, até mesmo o nosso amor ao Senhor demanda um nível de educação, sendo a temática de estudo a própria pessoa de Deus. Aliás, uma vez que o ensino ocasiona descobertas, como não amá-lO mais à medida que percebemos novos aspectos acerca de quem Ele é? E por ser o Criador do Universo e de tudo o que nele há, quanto mais conhecemos sobre a Criação, mais sabemos a Seu respeito.

Além de Cristo, são bons exemplos de pessoas instruídas os jovens Daniel, Hananias, Misael e Azarias. A Palavra diz que, certa vez, o rei Nabucodonosor mandou selecionarem, entre os hebreus, aqueles que fossem mais estudados, sábios e habilidosos para servirem em seu palácio, assim Daniel e seus amigos foram encontrados. Observe a descrição que ele fez para a seleção de seus funcionários:

> Então o rei ordenou que Aspenaz, o chefe dos oficiais da sua corte, trouxesse alguns dos israelitas da família real e da nobreza: jovens sem defeito físico, de boa aparência, **cultos, inteligentes, que dominassem os vários campos do conhecimento e fossem capacitados para servir no palácio do rei**. Ele deveria ensinar-lhes a língua e a literatura dos babilônios. (Daniel 1.3-4 – grifo do autor)

Esses jovens trabalharam, nada mais, nada menos, do que no palácio do rei da Babilônia. Eles tiveram essa oportunidade justamente por serem bem instruídos (ou seja, eles estudaram bastante). Em pouco tempo, assumiram posições de destaque naquele império, pois com o favor de Deus e o nível de conhecimento que tinham, eram capazes de aconselhar o próprio rei. Foi por ocuparem tal posição no palácio, demonstrando tamanha sabedoria e

> **Até mesmo o nosso amor ao Senhor demanda um nível de educação.**

excelência, características do Reino de Deus, que fizeram com que Nabucodonosor declarasse:

> [...] Não há dúvida de que o seu Deus é o Deus dos deuses, o Senhor dos reis e aquele que revela os mistérios, pois você conseguiu revelar esse mistério. (Daniel 2.47)

Portanto, não acredite na cômoda mentira de que os ensinamentos disponíveis nesse mundo não podem servir para a glória de Deus. É fato que Sua palavra é a verdade absoluta, acima de qualquer outro conhecimento; contudo, hoje, há uma infinidade de equipamentos, além de conteúdos elaborados por outras pessoas e vários tipos de ferramentas, que viabilizam o aprofundamento no aprendizado sobre o Criador e Sua criação nos mais diversos aspectos.

> **É tarefa de todo cristão aprender e ensinar.**

Porém, em meio a tanta informação, devemos ter sempre em vista o propósito de que tudo quanto fazemos, devemos fazer para a glória do Senhor, como o apóstolo Paulo nos alerta: "Assim, quer vocês comam, bebam ou façam qualquer outra coisa, façam tudo para a glória de Deus" (1 Coríntios 10.31).

Não viveremos nessa Terra para sempre, como bem sabemos: somos peregrinos, pertencentes a uma Pátria celestial. Por isso, temos apenas um breve período para buscarmos aprendizados que dizem respeito a este mundo tão rico em criatividade e complexidade, que disponibiliza para nós tantas descobertas incríveis e peculiares. Nesse sentido, o rei Salomão, conhecido por sua grande sabedoria, concedida pelo próprio Deus, nos aconselha:

> O que as suas mãos tiverem que fazer, que o façam com toda a sua força, pois na sepultura, para onde você vai, não há atividade nem planejamento, não há conhecimento nem sabedoria. (Eclesiastes 9.10)

É tarefa de todo cristão aprender e ensinar. Mais do que uma responsabilidade, é um meio para a manifestação do nosso Deus, que é grandíssimo em sabedoria e conhecimento.

ORE COMIGO

Senhor Deus, agradecemos pelas oportunidades de estudos que tivemos até então e as que temos ainda hoje. Queremos honrá-las, dedicando-nos com excelência em tudo quanto tivermos de aprender e ensinar.

Guia-nos a conhecer mais e melhor a respeito de quem o Senhor é e de Sua criação. Pedimos que nos conceda sabedoria e portas abertas para nos capacitarmos ainda mais em conhecimento e instrução, pois desejamos usar tudo isso para a Sua glória. Em nome de Jesus, amém.

ANOTAÇÕES

Dia 18

COMO ORAR E AGIR PELA ARTE?

Com a participação de Thalles Roberto

Qualquer pessoa que se desgaste com uma rotina exaustiva de trabalho, estudo ou mesmo afazeres domésticos procura alguma forma para, enfim, esfriar a cabeça. Na verdade, quanto mais estamos sobrecarregados com responsabilidades, mais aumenta nossa expectativa pelos momentos de descanso e lazer. Dentro disso, as opções são muitas, e variam de acordo com o gosto de cada um. Há quem encontre prazer na leitura de um romance, em escutar uma boa música ou observar o pôr do sol. Outros preferem atividades mais intensas e correm atrás de qualquer oportunidade para sentirem adrenalina, seja pulando de paraquedas, escalando uma montanha ou surfando ondas gigantescas.

Porém, se existe algo que é unanimidade entre qualquer ser humano, é a apreciação pela arte. Talvez, ao ouvir essa palavra, seu pensamento automático seja: "Mas eu odeio arte". Esse julgamento é muito comum, já que a maioria da população associa a arte às belas pinturas expostas em galerias e museus, ou às lindas esculturas e estátuas espalhadas por praças e parques. Mas arte, pelo menos para mim, é muito mais do que isso; está ligada a toda forma de expressão que reflete beleza e excelência, independentemente de seu formato.

Quando seguimos essa lógica, nossa visão é ampliada e conseguimos enxergar valor artístico em várias fontes de entretenimento. Nos últimos anos, por exemplo, a demanda de filmes e séries em serviços de *streaming* ganhou uma popularidade nunca vista. Qualquer pessoa – independentemente da idade – que tenha a mínima conexão com a *internet* e uma telinha, pode fazer parte de uma comunidade global, que interage, debate e opina sobre infindáveis conteúdos lançados diretamente na rede.

Mesmo que você não seja fã desse tipo de serviço, já deve ter visto de relance algum trecho de filme ou série na televisão ou nas redes sociais. Com tantas interações, como negar a presença da arte nessas produções?

Entretanto, essa nova perspectiva gerou diversos questionamentos sobre o que, de fato, seria arte. Ou melhor, como podemos classificar se algo é belo e excelente? E, ainda por cima, quais as mensagens que todas essas coisas têm nos transmitido? Afinal, podemos estar sendo enganados o tempo todo e levados a torcer por certos personagens controversos, acreditando em ideias e filosofias que não têm nada a ver com aquilo que cremos enquanto filhos de Deus.

Dessa forma, precisamos separar e compreender muito bem o que cada um desses conteúdos significa. Afinal, vivemos em um tempo de extremos, e existem pessoas que ignoram a própria natureza de Deus como criativo, detalhista e artístico. Sim, nosso Pai é perfeito em tudo o que faz, e o mundo que

Ele nos deu nos surpreende todos os dias com tamanha beleza e diversidade. Então, por que será que, de uma hora para outra, certos grupos decidiram criar um muro entre a Igreja e as artes e o entretenimento? Se cremos em um Deus que demonstra Seu poder e majestade nas menores criaturas presentes na natureza, qual a motivação para ignorar esse assunto e "demonizá-lo"?

A explicação para que isso aconteça pode estar fundamentada numa mentalidade de sobrevivência, e não de realeza. No passado, talvez por falta de compreensão ou com o intuito de afastar tudo aquilo que não parecesse ser "espiritual", a Igreja criou barreiras entre o que era produzido dentro de suas paredes e fora. Os que têm familiares que se converteram há bastante tempo sabem que antigamente era comum, por exemplo, dizer que tudo o que vinha da televisão ou do cinema trazia alguma influência maligna, tinha mensagem subliminar e nos afastava de Deus. Dessa forma, uma norma implícita afastou vários cristãos dos aparelhos de TV e de exibições de filmes. Isso valia, também, para músicas que não fossem denominadas cristãs.

No entanto, sabemos que, qualquer atitude que não é pautada pela liberdade concedida por Cristo e pela Sua graça, tende a deixar marcas profundas ou mesmo traumas. Com o tempo, aquilo que deveria "proteger e santificar", gerou uma verdadeira guerra entre pais e filhos, denominações e seus membros,

> **Existem pessoas que ignoram a própria natureza de Deus como criativo, detalhista e artístico.**

e o embate entre pessoas com as mais diversas linhas de pensamento, no fim das contas, acabou criando feridas e falta de respostas. Quem sabe quantos poderiam ter desenvolvido dons extraordinários e contribuído para a tomada de um novo rumo nessa área se tudo isso tivesse sido evitado?!

E se a fórmula mágica para resolver esse dilema não fosse correr dele, mas abraçá-lo e tomar posse de seus ambientes? Talvez você já tenha escutado essa analogia: "Para que uma cadeira seja ocupada, basta que quem está sentado nela se levante". Foi justamente isso o que aconteceu na esfera das artes e entretenimento. O lugar de relevância, que outrora fora ocupado pelo povo de Deus, foi abandonado. Com o passar dos anos, cristãos importantes da indústria e da academia de arte, que seriam essenciais para sua disseminação, foram, aos poucos, deixando de lado suas responsabilidades nesse ramo e decidiram colocar seus esforços em outras áreas, até mesmo em igrejas e obras de caridade.

Como resultado, observamos, hoje, várias expressões artísticas com pautas totalmente contrárias aos ensinamentos bíblicos, que apresentam ética e princípios morais duvidosos. Fato é que a Igreja, que deveria ser a resposta, uma vez que carrega a verdade contida no Evangelho, decidiu ser omissa nessa questão por considerá-la complexa demais ou, talvez, pouco espiritual. Por outro lado, vivemos um tempo de despertamento em que uma geração tem entendido o propósito de se posicionar como filhos maduros de Deus, e anseia reconquistar aquilo que foi perdido.

A importância de pessoas dispostas a enfrentarem os velhos preconceitos contra a arte, mesmo quando isso parte de familiares e amigos, é imensa. Sendo assim, devemos estar abertos a dialogar

> **Se aqueles que representam o Reino de Deus nesse meio não estiverem convictos de sua missão nesses ambientes e não se posicionarem de acordo com os valores e princípios bíblicos, dificilmente veremos alguma mudança.**

para que visões e direcionamentos sejam alinhados. Seguindo essa premissa, ninguém deve ser constrangido ou pressionado, o nosso dever é garantir comunhão e suporte para todos os lados. E no que diz respeito aos que foram chamados para essa esfera, essa não é uma batalha que eles devem enfrentar sozinhos, antes devem estar munidos de conselhos, intercessões e de toda a ajuda necessária.

O mercado do entretenimento, diferentemente de outras áreas, envolve uma série de fatores que confrontam a mentalidade religiosa e estão em uma linha tênue entre aquilo que é expressão artística genuína e o que é simplesmente incoerente. Se aqueles que representam o Reino de Deus nesse meio não estiverem convictos de sua missão nesses ambientes e não se posicionarem de acordo com os valores e princípios bíblicos, dificilmente veremos alguma mudança.

Quantos não se sentem envergonhados por observarem artistas e celebridades, que se consideram cristãos, tendo comportamentos muito desconexos dos ensinamentos de Jesus? A carência por referências e pessoas dispostas a discipularem novos artistas é absurda. Para que isso aconteça, discípulos verdadeiros, que têm um coração convertido ao Senhor, precisam chegar nesses lugares. E somente uma instrução pautada nos preceitos bíblicos, que penetre profundamente no coração dessas pessoas, e a ação do Espírito Santo poderão gerar arrependimento e, como resultado, um avivamento que seja sustentável.

Uma das chaves para alcançar essa transformação social e cultural está descrita no livro de Salmos:

> Pois Deus é o rei de toda a terra; cantem louvores com harmonia e arte.
> (Salmos 47.7)

Nesse salmo, o autor utiliza a palavra "arte" como uma qualidade que deve estar presente em nossa adoração. Esse fato já nos diz muito sobre a necessidade de expressarmos com beleza aquilo que está em nossos corações. Mas o texto não para por aí, ele acrescenta a palavra "harmonia" nessa mistura. Até porque, a presença dessa virtude muda nossa compreensão sobre esse assunto, fazendo-nos entender o significado de preservar nossos corpos como templos do Espírito Santo (cf. 1 Coríntios 6.19) e prestarmos um culto racional (cf. Romanos 12.1).

> É necessário que os criativos do Reino estabeleçam uma conexão profunda e íntima com o Deus Criador.

Isso significa que devemos ser coerentes com nossas palavras e ações. Ao levantarmos a bandeira do Reino dos Céus, estamos nos colocando à prova do mundo. Se nosso comportamento não está em harmonia com aquilo que professamos, essas palavras serão jogadas ao vento. Geralmente, a arte só nos toca e passa uma mensagem positiva quando seu autor está alinhado com aquilo que foi transmitido. Quando isso acontece, é praticamente impossível não se emocionar e encontrar credibilidade em sua obra.

Sendo assim, quando servos de Deus posicionados compreenderem seus chamados e, com isso, produzirem filmes, pinturas e poesias inspiradas em seus relacionamentos com Ele e nos valores do Reino, o mundo será impactado e terá, como nunca antes, a chance de conhecer ao Rei verdadeiramente. Não estou falando a respeito de continuar a reprodução de histórias bíblicas para as telas da televisão, ou das famosas imagens de leão e cruz ilustradas em quadros nas mais diversas cores. Mas de obras que, mesmo não apresentando de modo explícito elementos tipicamente cristãos, foram planejadas por artistas cheios do Espírito Santo, capacitados para expressar a beleza, a excelência e os valores do Reino de maneira criativa e habilidosa, assim como Bezalel, responsável por esculpir elementos da Tenda do Encontro:

> Disse então Moisés aos israelitas: "O Senhor escolheu Bezalel, filho de Uri, neto de Hur, da tribo de Judá, e **o encheu do Espírito de Deus**, dando-lhe destreza, habilidade e plena capacidade artística, **para desenhar e executar trabalhos em ouro, prata e bronze, para talhar e lapidar pedras, entalhar madeira para todo tipo de obra artesanal.**
> (Êxodo 35.30-33 – grifo do autor)

Nem mesmo os quadros mais caros, dos artistas mais renomados, poderão se comparar aos que foram inspirados pelo próprio Autor do mundo. Para isso, é necessário que os criativos do Reino

> **Devem oferecer mais do que um trabalho de qualidade.**

estabeleçam uma conexão profunda e íntima com o Deus Criador por meio de uma vida constante de oração e leitura bíblica. Como alguém que não ora e não lê a Bíblia poderia ser cheio do Espírito Santo? E de que forma o Senhor poderia operar em sua vida e através de suas criações artísticas sem que essa conexão existisse?

Músicos, escritores, diretores de cinema, pintores, escultores, dançarinos, atores e todos os demais criadores de conteúdo que amam a Deus devem oferecer mais do que um trabalho de qualidade. Além de se dedicarem a aprimorar seus dons, estudando e praticando com empenho, precisam ter como alvo fazer com que todos os seus projetos apontem para Cristo, nossa fonte de vida. Da mesma forma, buscar n'Ele sua satisfação e aprovação, não em grandes públicos, dinheiro ou em uma vida glamorosa. Como Jesus disse à mulher samaritana, é Ele quem satisfaz a nossa alma:

[...] Quem beber desta água terá sede outra vez, mas quem beber da água que eu lhe der nunca mais terá sede. Ao contrário, a água que eu lhe der se tornará nele uma fonte de água a jorrar para a vida eterna. (João 4.13-14)

Portanto, eu oro para que os artistas desta geração se levantem para expressar o Reino de Deus das maneiras mais criativas e belas. E que, de modo sobrenatural, sejam capacitados a transmitir a vida de Cristo em cada uma de suas obras, para que a mensagem do Evangelho seja propagada mesmo nos lugares menos receptivos.

ORE COMIGO

Senhor Deus, agradecemos Sua imensa criatividade e beleza. Somos gratos por expressá-las em Suas obras, que podem ser vistas nesse mundo e que nos inspiram a criar, ao mesmo tempo em que nos levam a encontrar vida, pois Sua criação aponta para o Senhor.

Pedimos que levante, nessa geração, artistas cheios do Espírito Santo, e tomamos parte nisso criando e apoiando artistas que expressam o Reino. Em nome de Jesus, amém.

ANOTAÇÕES

Dia 19

COMO ORAR E AGIR PELOS MEIOS DE COMUNICAÇÃO?

**Com a participação de
Thiago Lobos**

Após anos de grandes impérios e monarquias, o mundo passou por diversas transições e revoluções que resultaram no modelo político atual. Guardadas as devidas proporções e exceções, a maioria dos países segue normas pautadas na democracia. Mesmo nosso país, uma "criança" diante dos séculos de história de algumas nações europeias e asiáticas, possuiu seus próprios dilemas históricos, que ocasionaram a realidade que conhecemos hoje. Principalmente para um jovem nascido após os anos 2000, a rotina de a cada quatro anos ouvir diversas discussões, e no fim escolher um presidente, tornou-se normal.

Nesse sentido, qualquer um que já tenha avançado um pouco na escola conhece o famoso sistema dos "Três Poderes", formado pelo executivo, legislativo e judiciário. Em teoria, esse padrão foi estabelecido visando que cada componente do governo, seja o presidente até o vereador ou juiz, pudesse fiscalizar seus colegas, evitando desvios de conduta e outras formas de corrupção. Porém, além desses, existe ainda outro órgão que trabalha para transmitir o cenário político para o restante da população: os canais de comunicação.

Seja você um apoiador deles ou não, os profissionais midiáticos percorrem as mais diferentes pautas a fim de deixar a população a par do que acontece nos palácios do governo e sedes oficiais. Para alguns estudiosos, esse é o "Quarto Poder": uma força capaz de moderar e expor cada detalhe dos bastidores dos governos, traduzindo informações e contextos que poderiam ser difíceis de compreender pelo cidadão comum. Agora, se esse belo propósito se perdeu, e hoje a mídia sofre descrédito por parte de muitas pessoas, entramos em outro território.

Assim como as demais esferas, que necessitam do impacto do Reino de Deus, a área das comunicações também precisa de um mover sobrenatural. O que deveria ser uma fonte de notícias segura e confiável virou sinônimo de desinformação, partidarismo e manipulação. Infelizmente, algo que sempre existiu, mas que só agora está sendo denunciado e rebatido. A criação de uma grande quantidade de novos veículos de comunicação independentes é uma resposta a essa verdadeira "revolta popular" contra canais de televisão, jornais e revistas.

Mas mesmo essa iniciativa, que possuía o bom intuito de trazer novos pontos de vista, sofre com os problemas que juraram combater. Se por um lado é difícil acreditar no que um apresentador de jornal diz, por outro, confiar que as informações disponíveis em *sites* sem procedência correspondem aos fatos é

> O que deveria ser uma fonte de notícias segura e confiável virou sinônimo de desinformação, partidarismo e manipulação.

pior ainda. Com poucos lugares onde se apoiar, a relativização ganhou seu espaço e, a cada dia, fica mais complicado convencer alguém sobre qualquer coisa.

A situação só se agrava quando quem tem relevância são aqueles que lucram com a desgraça alheia. Imagine o que se passa na cabeça de alguém que acabou de ter contato com o Evangelho e observa o mundo que o cerca. De um lado, uma mensagem de amor, esperança e salvação, motivada pela inserção do Reino de Deus em tudo e todos; do outro, repórteres de diversas emissoras expondo uma sociedade caída, com roubos, abusos, pornografia e muitos outros atos de violência, frutos do pecado.

O choque entre essas duas realidades causa muita confusão, e pode, por vezes, fazer até o crente mais antigo duvidar se ainda existe esperança para a Terra. Por mais difícil que seja reconhecer tudo isso, a Igreja poderia estar atuando de forma muito mais eficaz nesse contexto. As Boas Novas de Cristo e o renovo proporcionado pelo Espírito Santo nos fazem enxergar a beleza em meio ao caos, e são capazes de trazer a esperança pela qual a humanidade clama. Porém, como eles terão consciência disso se essa mensagem não for exposta nos lugares mais altos?

É lindo ver a coragem de homens e mulheres de Deus pregando em praças e ruas esburacadas, levando o Evangelho aos perdidos. Isso é necessário e deve ser preservado. Entretanto, o que dizer quanto a todos os outros cristãos que foram chamados para anunciar as verdades de Cristo de maneiras diferentes, utilizando estratégias peculiares como as mídias?

Não há motivos para crer que por não estarmos com um microfone nas mãos pregando a Bíblia explicitamente, ou ministrando belas canções de adoração no meio do povo de Deus, não estamos cooperando para que Seu Reino avance e ganhe território. Muito pelo contrário, há muitos que ainda carecem de um encontro de salvação com Jesus, mas não se sensibilizam com uma abordagem tradicional, isto é, em cultos, pregações e evangelismo nas ruas.

> **A transformação começa quando passamos a ressignificar os problemas.**

Quem sabe, não é você – que tem um chamado para trabalhar com comunicação, criatividade e desenvolvimento de conteúdo – quem irá tocar esses corações com uma mensagem de esperança e boas notícias?! Não seriam os meios de comunicação uma das formas mais efetivas de transmitir os princípios do Reino para as massas e grupos mais distantes espalhados por nosso país? Para isso, é necessário que filhos de Deus, com o DNA celestial, levantem-se para trazer uma nova perspectiva para o cenário de nossa nação.

Talvez você pense: "Então, devemos ignorar que a realidade do nosso país é terrível e dizer que tudo aqui é lindo e maravilhoso? Que não há corrupção consumindo todas as camadas da nossa sociedade? Que a pobreza cultural e intelectual não são graves fatores que afetam nossa população?". De maneira nenhuma! No entanto, a transformação começa quando passamos a ressignificar os problemas, não olhando para suas consequências ruins, e sim para os aprendizados que podem ser retirados de cada situação, bem como a nossa atuação prática para essa mudança efetiva.

Isso é possível não somente quando estamos em contato com ideias inspiradoras e histórias de superação, mas também quando nos deparamos com a dor e os traumas, e tomamos a atitude de utilizá-los como combustível para gerar mudança. Até porque, somente reclamar não nos levará a lugar algum. Apresentar denúncias constantes, sem buscar uma solução, só traz peso e abala nossa fé. Por isso, a necessidade de representantes do Reino, que redirecionem o foco das preocupações para aquilo que pode ser feito a respeito, mudará, da água para o vinho, a mentalidade de derrota e negatividade. Essa é uma ação baseada não em pensamento positivo, mas na esperança em Deus, que oferece socorro a quem necessita e clama a Ele.

> Levanto os meus olhos para os montes e pergunto: De onde me vem o socorro? O meu socorro vem do Senhor, que fez os céus e a terra.
> (Salmos 121.1-2)

Nosso foco, mesmo ao orar, não deve ser nas dificuldades da vida e em tudo que está fora do nosso controle, mas na esperança em Deus, de quem vem o nosso socorro e ainda nos agracia com bênçãos e oportunidades todos os dias. Não podemos nos conformar com desgraças predominando nossa atenção, deixando que o sofrimento seja uma parte comum da nossa existência. A tristeza no mundo existe e nos assola constantemente, mas de maneira alguma podemos nos deixar preencher por ela. Na verdade, devemos seguir um outro conselho que o livro de Salmos nos concede:

> **A necessidade de representantes do Reino, que redirecionem o foco das preocupações para aquilo que pode ser feito a respeito, mudará, da água para o vinho, a mentalidade de derrota e negatividade.**

> Não morrerei; mas vivo ficarei para anunciar os feitos do Senhor.
> (Salmos 118.17)

Que possamos ser anunciadores dos feitos do Senhor, sendo profissionais da comunicação ou não. Aliás, se você não está atuando diretamente nessa área, contribua, clamando por cristãos que queimem por um avivamento nessa esfera, bem como para que o Pai dê forças e sabedoria aos que já estão lá. Nossas orações também devem estar direcionadas às novas gerações que atenderam a esse chamado, e hoje povoam muitas salas de aula.

Jovens estudantes de comunicação, dentro de universidades por todo o país, sonham em alcançar lugares de relevância em suas carreiras, mas, para isso, um longo caminho deve ser percorrido. Antes de chegarem aos lares por meio do jornalismo ou de propagandas específicas, muitos deles enfrentam dificuldades no ambiente acadêmico. Em alguns casos, existe uma batalha constante para que os princípios da Palavra de Deus sejam mantidos e suas opiniões permaneçam respeitadas.

Essa luta exige paciência e estratégias divinas para que consigam enfrentar tantos questionamentos no meio em que atuam e manterem os olhos fixos na promessa feita pelo Senhor. Depois disso, é importante considerar que ainda existe um mercado gigantesco, cheio de outras pessoas com os mesmos anseios profissionais, mas que, na maioria das vezes, não carregam o DNA do Reino.

Sendo assim, que cada comunicador ou futuro comunicador possa se destacar fundamentado não somente no conhecimento teórico, mas levando também a sabedoria e graça atribuídas pelo Deus vivo. De maneira que até mesmo uma simples notícia veiculada na imprensa ou nos grandes *outdoors* e campanhas publicitárias transmitam nos detalhes a verdade e a excelência do Evangelho.

Que uma nova geração de comunicadores, confiantes em suas identidades de filhos amados e aceitos pelo Deus Pai, levante-se com ousadia para anunciar as Boas Novas. E, assim, tenham também coragem para denunciar as injustiças que afetam o povo, não partindo de uma perspectiva devastadora, mas carregada de esperança e que aponte para um caminho novo, trazendo força para a construção de novas realidades alinhadas ao Reino de Deus, onde a justiça, paz e alegria prevalecem.

ORE COMIGO

Senhor Deus, agradecemos por ter criado cada um de nós com um propósito único. Agradecemos pela esperança que encontramos somente em Ti, e pelas Boas Novas da salvação.

Sabemos que podes transformar toda e qualquer situação, por mais que pareça impossível. Por isso clamamos por uma renovação em toda a esfera da comunicação, para que ela sempre esteja de acordo com Teus propósitos.

Cremos que podemos contribuir para a mudança de realidades ao trazer o Teu olhar a respeito de nossa nação. Assumimos responsabilidade por isso. Sendo assim, que o Senhor nos revista de ousadia e intrepidez. Em nome de Jesus, amém.

ANOTAÇÕES

ANOTAÇÕES

Dia 20

COMO ORAR E AGIR PELO GOVERNO?

Com a participação do pastor Marco Feliciano

Diante do cenário político atual, que tem se agravado nas últimas décadas, precisamos ter em mente, com bastante clareza, as estratégias que Deus nos concede sobre o governo. Sabemos dos desafios que o povo brasileiro tem enfrentado e, como servos do Senhor, não podemos ficar parados diante disso. Independentemente das nossas posições sociopolíticas, devemos orar e interceder para que Ele restaure, proteja e prospere nossa nação.

Pensando nisso, devemos recorrer aos princípios contidos na Palavra de Deus. E no que diz respeito à política, o rei Salomão, um dos autores do livro de Provérbios, pode nos ajudar bastante. Afinal, ele pediu ao Senhor sabedoria para governar Israel e foi reconhecido diante do povo por isso. Veja o que as Escrituras dizem em Provérbios 28.16:

> O governante sem discernimento aumenta as opressões, mas os que odeiam o ganho desonesto prolongarão o seu governo.

Desde sempre, o Inimigo procura distorcer os fatos causando confusão, e a esfera governamental não é exceção. Todavia, a própria Bíblia nos traz verdades incontestáveis a respeito de como podemos combater isso. Até aqui, já deve estar bastante claro a todos nós o quanto devemos orar pelo Brasil. Mesmo assim, em vez de simplesmente clamarmos, devemos também nos envolver de forma direta nesse assunto, buscando maneiras de sermos instrumentos de transformação frente a tudo o que está acontecendo.

Nas Escrituras, são narradas histórias de pessoas comuns levantadas pelo Senhor para gerar impacto na sociedade em que viviam. Nós somos chamados a fazer o mesmo. Muitas delas encontravam-se em situações desumanas, como de escravidão ou de cativeiro inimigo, oprimidas por regimes autoritários. Um dos exemplos mais marcantes é o de José, vendido por seus próprios irmãos aos mercadores que iam em direção ao Egito. E tudo isso por um único motivo: ciúmes (cf. Gênesis 37).

> **Independentemente das nossas posições sociopolíticas, devemos orar e interceder para que Ele restaure, proteja e prospere nossa nação.**

Diante desse cenário, imagine que tipo de pensamentos passava pela mente de José. Um jovem acostumado com a vida em família, amado por seu pai, tornando-se um escravo – e pior, no Egito. Mesmo sendo conhecido como um povo grande e próspero, os egípcios tinham seu poder e fama relacionados à exploração de outros povos, fato que, talvez, José conhecesse. Agora, é ainda mais difícil pensar que qualquer pessoa nessas condições pudesse se tornar um líder influente o bastante a ponto de aconselhar o próprio faraó, autoridade máxima daquele império. No entanto, até chegar nessa posição, José ainda teria de passar por muitos momentos de angústia e humilhação.

Além de se sentir abandonado por seus próprios parentes, ele precisou enfrentar os abusos da escravidão. Apesar de tudo isso, José sabia que o próprio Deus estava com ele e, assim, depositou toda sua fé no Senhor. Com o passar do tempo, ele se destacou por conta de sua atitude de excelência e honestidade. Pouco a pouco, os egípcios repararam que havia algo diferente naquele hebreu, permitindo que José ganhasse a confiança e a simpatia de todos ao seu redor, especialmente de Potifar.

Potifar era um importante oficial do faraó e capitão da guarda no Egito. Ele ficou impressionado com a inteligência de José e o convidou para ajudá-lo nos assuntos mais importantes daquela nação. Assim, o jovem tornou-se famoso por sua capacidade de trazer soluções onde muitos enxergavam apenas problemas. Da mesma maneira, hoje, Deus nos levanta como uma geração de embaixadores do Reino, que não se rendem aos padrões deste mundo; mas que, com ousadia, estabelecem o Seu governo aqui na Terra.

Alguns de nossos irmãos na fé entenderam esse chamado e atuam em cargos públicos neste momento, lutando para defender e conservar os princípios e valores bíblicos em nossa nação. Esse, porém, não é um trabalho simples, uma vez que, a todo tempo, governantes céticos levantam projetos fundamentados em teorias contrárias às Escrituras.

Segundo Marco Feliciano, deputado federal desde 2011, logo no início de seu mandato, foram detectados, em Brasília, mais de

> **Deus nos levanta como uma geração de embaixadores do Reino, que não se rendem aos padrões deste mundo; mas que, com ousadia, estabelecem o Seu governo aqui na Terra.**

1.300 projetos que feriam a Igreja e a liberdade de expressão religiosa. Foi justamente trabalhando pela não aprovação de propostas desse tipo que ele e sua esquipe iniciaram suas atividades.

Nesse sentido, a decisão por manifestar o Reino em ambientes assim não pode estar baseada em emoções ou vantagens que um cargo como esse pode oferecer; antes deve ser fruto de um entendimento profundo e alinhado à vontade de Deus. Afinal, quando adentramos esses lugares, não somos apenas mais alguns políticos que exercem sua função, mas cidadãos dos Céus que carregam aquilo que o mundo necessita. Por isso, enquanto habitamos aqui, devemos assumir nossa responsabilidade e fazer o que está ao nosso alcance para trazer paz, justiça e alegria no Espírito para a nossa nação, que tanto carece desses princípios.

> **Ainda que a integridade nos custe tudo, jamais devemos optar pelo caminho mais fácil.**

Em relação aos que têm uma "indignação santa" no que diz respeito ao governo, e anseiam por atuar nessa área, estejam cientes de que vocês assumirão um compromisso importante que necessita, acima de tudo, de integridade. Afinal, carregar a bandeira de Cristo também significa apresentar-se com um caráter irrepreensível e que possa ser posto à prova. Aliás, não somente no âmbito político, mas em todas as áreas de nossas vidas, passamos por "testes de fogo" constantemente, que provam nosso real valor como discípulos do Mestre.

Essa é uma reflexão essencial, já que muitos utilizam seu envolvimento com a política para justificar atos questionáveis ou mesmo crimes, dizendo que foram "influenciados pelo ambiente". No entanto, esse tipo de desculpa é inaceitável vinda de qualquer pessoa, e pior ainda quando parte de algum cristão.

Na verdade, a forma como nos enxergam quando estamos expostos em cargos públicos deve apenas refletir a maneira como nos comportamos quando ninguém nos vê.

Ainda que a integridade nos custe tudo, jamais devemos optar pelo caminho mais fácil. Se já nos indignamos com tantos casos de corrupção que assolam nosso país, o que dizer quando esse tipo de prática vem de pessoas que diziam seguir a Cristo? Lembre-se, por exemplo, de quando José foi encurralado pela mulher de Potifar, que desejava deitar-se com ele (cf. Gênesis 39.12). Ela disseminou a mentira de que foi José quem a atacou, e ele não conseguiu provar sua inocência tão cedo. Negar a proposta daquela mulher desonesta custou a sua reputação até a liberdade, já que ele foi parar na prisão (cf. Gênesis 39.20).

Contudo, mesmo encarcerado, mantinha-se fiel ao Senhor, de modo que, ainda naquele contexto, recebeu a oportunidade de se tornar governador do Egito, um cargo muito superior ao que ele tinha anteriormente (cf. Gênesis 40 e 41). Assim, anos depois, ele foi capaz de socorrer sua família e salvá-la da morte, já que, na época, o mundo enfrentava um período gravíssimo de fome. Mesmo em uma posição em que poderia fazer o que bem entendesse, ainda mais depois de tudo o que os irmãos haviam feito, José compreendeu o poder que estava em suas mãos e das portas que seriam abertas através do perdão e da compaixão aos seus parentes.

Outra história que demonstra a ação de agentes do Reino na esfera do governo aconteceu séculos depois, quando os hebreus estavam sob o domínio do Império Assírio. Foi nesse momento que Hadassa, mais

> **Quando adentramos esses lugares, não somos apenas mais alguns políticos que exercem sua função, mas cidadãos dos Céus que carregam aquilo que o mundo necessita.**

conhecida como Ester, se posicionou diante do rei para livrar seu povo da morte.

Hadassa nasceu em uma época em que ela, como mulher, não tinha os mesmos direitos de um homem. Teoricamente, ela não tinha espaço algum para se manifestar, mas, claramente, o Senhor pensava diferente. Por causa disso, colocou-a entre as muitas outras moças daquele reinado que foram levadas cativas ao palácio para "se candidatarem" ao cargo de rainha da Pérsia.

Após meses de preparação, uma a uma, todas aquelas mulheres foram apresentadas ao rei a fim de que ele fizesse sua escolha. Vale lembrar que, antes de entrar no palácio, Hadassa foi orientada por Mordecai a não revelar sua identidade; ela deveria usar seu nome persa: Ester. Essa era uma medida de segurança, não só para si, mas para todo o povo representado por ela. Frequentemente, nós também recebemos a incumbência de nos posicionarmos em lugares onde as pessoas desconhecem ou nem mesmo aceitam nossas origens e crenças, mas isso não significa, de forma alguma, que não podemos ser influentes nesses ambientes, trazendo uma nova perspectiva.

E era por esse propósito que Ester estava naquele local. Ao chegar sua vez, o rei se encantou de tal forma por ela que a moça foi logo escolhida para ser rainha. Sabemos que ela era, sim, uma mulher extremamente bonita, porém, muito mais do que isso, a Bíblia nos revela que ela tinha algo diferente das outras. Ela sabia quem era e, mesmo sem revelar, nunca deixou de lado suas raízes, e isso contribuiu para que, mais para frente, ela colocasse em prática o plano de Deus para o Seu povo.

Tudo porque, dentro do contexto em que estava inserida, havia um importante conselheiro do rei, Hamã, que conspirava contra os judeus. Sua fúria teve como origem Mordecai, que se recusava a ajoelhar-se em sua presença. Aconteceu que, enquanto Mordecai estava sentado junto à porta do palácio real, ele ouviu dois guardas planejando a morte do rei Xerxes. Logo, ele correu para contar o ocorrido à rainha Ester, que repassou a informação ao rei em nome de seu primo. Quando tudo foi descoberto, os dois homens foram executados, porém quem ganhou os créditos por esse livramento não foi Mordecai, e sim Hamã, que recebeu o maior cargo entre os conselheiros do rei.

Sendo assim, todos os demais oficiais do império o honravam em obediência ao rei, curvando-se sempre que Hamã passava. No entanto, todas as vezes que os oficiais faziam essa reverência, Mordecai era o único que permanecia da mesma forma, já que era judeu e, portanto, adorava apenas a Deus. Diante desse comportamento, o ódio de Hamã cresceu tanto contra Mordecai que o homem decidiu não só dar um fim a ele, mas a todos os judeus que estavam sob o domínio da Pérsia. Ele manipulou o rei para estabelecer um decreto de morte a todos eles, de forma que nem o próprio rei poderia revogar a lei.

> **Cristo já venceu o mundo e é fato que o governo pertence a Ele.**

Quando Mordecai, que normalmente encontrava-se perto do palácio, descobriu esse plano, se humilhou de tal forma perante a Deus que Ester logo ficou sabendo do ocorrido. Assim, ao ser questionado por sua reação, ele impeliu sua prima a agir diante do rei. Ela, por outro lado, com medo, recusou. Ela sabia que, mesmo estando em uma posição aparentemente poderosa, correria risco de morrer ao apresentar-se diante do rei sem ser convidada. Mordecai, então, lhe disse, por meio de um mensageiro:

> [...] Não pense que pelo fato de estar no palácio do rei, de todos os judeus só você escapará, pois, se você ficar calada nesta hora, socorro e livramento surgirão de outra parte para os judeus, mas você e a

família do seu pai morrerão. **Quem sabe se não foi para um momento como este que você chegou à posição de rainha?** (Ester 4.13-14 – grifo do autor)

Aquele não era o momento para ficar paralisada pelo medo, mas a hora perfeita de usar das portas abertas e oportunidades que Deus lhe havia dado. Para isso, ela precisou não só de coragem, mas da preparação adequada. Pediu para que seu primo, junto a todos os israelitas, orassem e jejuassem por três dias, antes que ela se apresentasse ao rei. As tradições da época proibiam qualquer pessoa, mesmo a rainha ou oficiais de alta patente, de entrar na presença do rei sem antes ser anunciada, correndo o risco de morte. Porém, quando isso acontecia, assim que chegasse na sala do trono, caso o rei não estendesse o seu cetro na direção do visitante, aquela pessoa era condenada à morte no mesmo instante.

Resumo da história: a partir da coragem de Ester, da oração e jejum e do alinhamento do povo de Deus com a Sua vontade, o Senhor resgatou Israel da morte e lhes deu uma posição de honra. Esse acontecimento histórico se deu também como um prenúncio do que Jesus faria por nós. Ele não apenas nos salvou da morte, mas nos fez coerdeiros com Ele. Dessa maneira, então, torna-se mais fácil compreendermos a nossa posição como filhos do Rei dos reis e entendermos que, acima de qualquer poder humano, devemos nos submeter, primeiramente, ao governo de Deus, declarado em Isaías:

> Porque um menino nos nasceu, um filho nos foi dado, e **o governo está sobre os seus ombros**. E ele será chamado Maravilhoso Conselheiro, Deus Poderoso, Pai Eterno e Príncipe da Paz. (Isaías 9.6 – grifo do autor)

Como sabemos, Cristo já venceu o mundo e é fato que o governo pertence a Ele. Portanto, sendo homem ou mulher, se você sente que o propósito de Deus para sua vida é uma atuação efetiva no governo, levante-se e não tenha medo. Tome posse da autoridade da qual aqueles que estão no Senhor têm. Confie n'Ele e se posicione como um cidadão dos Céus que entende também sua cidadania terrena; tome para si a responsabilidade por tornar esta Terra cada vez mais um reflexo da nossa Pátria celestial.

ORE COMIGO

Senhor Deus, agradecemos porque não nos abandona ou desampara, mas sempre nos dá esperança. Mesmo nos contextos mais difíceis, somos capacitados a expressar Sua luz. Sabemos que não há lugar melhor para fazer isso senão onde as trevas têm predominado.

Entendemos que nascemos para um tempo como este; por isso, nos capacite para que levantemos com coragem, cheios do Seu Espírito Santo, para fazer a Sua vontade e manifestar Sua presença onde quer que estejamos. Seja em oração, em aconselhamento ou mesmo dentro dos palácios de governo, nós nos dispomos a atuar em favor desta nação.

Reconhecemos Sua grandeza e soberania como Rei dos reis e Senhor dos senhores. Teu é o Reino, o poder e a glória para sempre. Em nome de Jesus, amém.

ANOTAÇÕES

Dia 21

COMO ORAR E AGIR PELA ECONOMIA DO NOSSO PAÍS?

Com a participação de Eduardo Batista

À medida que nos desenvolvemos como cidadãos, aprendemos a respeito da importância do trabalho e da dedicação para alcançarmos uma vida digna. Eventualmente, entendemos, também, que devemos economizar dinheiro e aprender a valorizar nossos ganhos. O problema começa, no entanto, quando essa valorização se torna idolatria. A Bíblia nos revela, claramente, as consequências de superestimar o dinheiro, o que acontece muitas vezes por sua relação com o status e o poder. A respeito disso, Paulo escreveu em sua primeira carta a Timóteo:

> [...] **o amor ao dinheiro é a raiz de todos os males**. Algumas pessoas, por cobiçarem o dinheiro, desviaram-se da fé e se atormentaram com muitos sofrimentos. (1 Timóteo 6.10 – grifo do autor)

O dinheiro, como símbolo de poder, torna as pessoas egocêntricas, de forma que elas passam a depender dele. Assim, desenvolvem um estilo de vida nada saudável, em que o maior objetivo é prosperar financeiramente. Como consequência, em vez de ser um instrumento que contribui e serve para as suas necessidades, o dinheiro se torna um deus. Na Bíblia, há um relato que exemplifica bem a que ponto o amor ao dinheiro pode nos levar:

> Um homem chamado Ananias, juntamente com Safira, sua mulher, também vendeu uma propriedade. Ele reteve parte do dinheiro para si, sabendo disso também sua mulher; e o restante levou e colocou aos pés dos apóstolos. Então perguntou Pedro: "Ananias, como você permitiu que Satanás enchesse seu coração, a ponto de você mentir ao Espírito Santo e guardar para você uma parte do dinheiro que recebeu pela propriedade? Ele não lhe pertencia? E, depois de vendida, o dinheiro não estava em seu poder? O que o levou a pensar em fazer tal coisa? Você não mentiu aos homens, mas sim a Deus". (Atos 5.1-4)

> **O dinheiro, como símbolo de poder, torna as pessoas egocêntricas, de forma que elas passam a depender dele.**

Ananias e Safira eram, em tese, um casal que vivia de acordo com os princípios cristãos, porém havia um conflito dentro deles, e acabaram deixando que o orgulho e a ganância se sobressaíssem. Eles sabiam que não eram obrigados a dar toda a sua propriedade como oferta, contudo, queriam mostrar a todos o quanto eram bons em doar seus bens mais preciosos, embora não estivessem realmente dispostos a fazê-lo. Deram ouvidos ao Inimigo, que distorceu a motivação do coração deles, fazendo com que tentassem enganar o próprio Espírito Santo [mesmo sendo impossível].

Somos tão frágeis e vulneráveis às atrações deste mundo que, se não tivermos nossos fundamentos bem firmados em

Deus, corremos o risco de nos tornarmos como Ananias e Safira. No entanto, quando entregamos nossa vida financeira ao Senhor, recorrendo a Ele em oração, temos sucesso em tudo o que colocamos as mãos. Isso não é sobre teologia da prosperidade, mas um princípio bíblico que nos impulsiona a depositarmos toda a nossa confiança n'Ele.

Ao longo da Palavra, desde o Antigo Testamento, podemos ver que Deus fez com que pessoas tementes a Ele prosperassem grandemente. Exemplos disso são Abraão, Jacó, José, Jó, Davi, Daniel, Rute, Ester e muitos outros. Esse mesmo conceito se aplica, também, à empresas e até à nações inteiras que, ao se colocarem debaixo da vontade do Pai, vivem efetivamente Seus planos e experimentam um novo nível da Sua graça em todos os aspectos.

> **Deus nos deu poder sobre tudo o que se encontra na Terra.**

Ou seja, é fundamental vivermos de acordo com os propósitos do Senhor, pois, ao fazermos isso, somos supridos em todas as nossas necessidades, inclusive no que diz respeito aos recursos financeiros. A oração é uma das armas mais poderosas que Ele nos dá, já que, por meio dela, podemos não apenas combater o pecado, mas também reivindicar, como Seus filhos, tudo aquilo que é nosso por herança.

Desde a Criação do Homem, Deus nos deu poder sobre tudo o que se encontra na Terra, derramando, sobre nós, a unção da multiplicação (cf. Gênesis 1.28). Isso significa que Ele deseja que sejamos bem-sucedidos. Seu comando foi que nós dominássemos a Terra, não o contrário. Por isso, ao refletirmos a respeito do sucesso alcançado através de nosso trabalho e dedicação, precisamos ter em mente que, tudo o que temos, vem do Senhor – inclusive o dinheiro.

Através da Palavra, Deus nos ensina a melhor forma de lidar com a economia. Primeiramente, então, entendemos a necessidade de consagrarmos a Ele tudo quanto temos e devolvermos a décima parte, ou seja, dez de cem por cento do que recebemos — o dízimo. Isso serve tanto para a nossa vida pessoal quanto para a nossa família, igreja, negócio, cidade e, por fim, nação. Esse princípio está presente nas diversas histórias bíblicas muito antes de existir o dinheiro em papel como conhecemos hoje.

Ainda no livro de Gênesis, ao observarmos a trajetória dos heróis da fé, vemos que eles tinham o hábito de sacrificar a Deus a primeira e melhor parte de toda a sua produção. Ao contrário do que muitos pensam atualmente, sacrifício é uma expressão de gratidão e entrega a Deus.

Outro ponto muito importante a ser levado em conta é que, quando somos genuinamente gratos pelo que o Senhor fez e continua fazendo por nós, damos-Lhe todo o crédito de "nossas" conquistas. Não somente em relação aos nossos bens materiais, mas também reconhecendo que cada talento, habilidade e dom que possuímos vem diretamente d'Ele.

Contudo, se nosso coração está distante da Sua vontade, é comum agirmos com orgulho, atribuindo o que fazemos apenas à nossa própria capacidade – como aconteceu com o servo de Eliseu, quando um importante comandante do exército da Síria havia oferecido ao profeta uma recompensa generosa por sua cura:

> [...] Quando Naamã já estava a certa distância, Geazi, servo de Eliseu, o homem de Deus, pensou: "Meu senhor foi bom demais para Naamã, aquele arameu, não aceitando o que ele lhe ofereceu. Juro pelo nome do Senhor que correrei atrás dele para ver se ganho alguma coisa". Então Geazi correu para alcançar Naamã, que, vendo-o se aproximar, desceu

da carruagem para encontrá-lo e perguntou: "Está tudo bem?". Geazi respondeu: "Sim, tudo bem. Mas o meu senhor enviou-me para dizer que dois jovens, discípulos dos profetas, acabaram de chegar, vindos dos montes de Efraim. Por favor, dê-lhes trinta e cinco quilos de prata e duas mudas de roupas finas". (2 Reis 5.19-22)

Foi Deus quem havia curado Naamã da lepra, por isso Eliseu entendia que não cabia a ele receber qualquer recompensa, por menor que fosse. Seu servo, porém, cego pela ganância, achou que estaria fazendo algo bom ao correr atrás do comandante, requisitando ouro e roupas finas. Infelizmente, até hoje, somos cercados por esse mesmo tipo de mentalidade, que diz: "A vida já é tão difícil, o que custa eu tirar proveito dessa situação?". Em nenhum momento a Bíblia nos proíbe de sermos felizes e desfrutarmos de coisas boas; porém tudo o que conquistamos deve ser fruto do trabalho (cf. 1 Timóteo 5.18), entendendo, acima de tudo, que o Senhor é quem provê todas as coisas em nossas vidas. Todavia, quando não agimos dessa forma, damos margem para que pensamentos orgulhosos como esse surjam e, assim, também diversas outras atitudes desonestas.

Jesus, porém, nos convida a tratarmos dos assuntos financeiros de uma maneira totalmente diferente, que contraria todo o padrão estabelecido no mundo. Ele nos ensina a termos um coração generoso e grato. Logo, declararmos Sua cura sobre um país assolado por males, como a ganância e, consequentemente, a corrupção.

Nossa atitude deve ser como a da viúva pobre, que não ofereceu ao Senhor o que sobrava, mas deu tudo o que tinha como oferta (cf. Lucas 21.1-4). Quando Jesus a viu levando suas moedinhas ao altar, tomou-a como exemplo. Afinal, para Ele, pouco importa o valor – em dinheiro – que oferecemos, mas, sim, onde está o nosso coração; e, nesse caso, se estamos depositando nossa confiança e gratidão totalmente em Deus. Como disse antes, tudo vem d'Ele e é para Ele (cf. Romanos 11.36). Ou seja, desde o ar que respiramos até as oportunidades que temos ao longo de nossas vidas, absolutamente tudo vem do Senhor. É Ele quem nos sustenta. Portanto, nada mais justo do que Lhe rendermos graças. É o que a Palavra diz em Salmos 107.8-9:

> Que eles deem graças ao Senhor por seu amor leal e por suas maravilhas em favor dos homens, porque ele sacia o sedento e satisfaz plenamente o faminto.

É essa mesma conduta de humildade, generosidade e submissão ao Senhor que precisamos adotar para nossas vidas, especialmente na área financeira, e ainda mais quando temos um chamado específico para a esfera de negócios. Assim como a Bíblia nos orienta a sermos fiéis sobre o pouco, pois sobre o muito Deus nos colocará, devemos manter uma mentalidade conforme os princípios que a Palavra nos ensina sobre as finanças, tanto em nossas ofertas comuns quanto no desenvolvimento de empresas que carregam o DNA celestial. E, sim, quero dizer que existem pessoas que foram chamadas para atuar na esfera dos negócios e, através disso, devem expressar o Evangelho. Isso não significa que eles ministrarão um sermão, passarão o dia cantando louvores em suas lojas e estabelecimentos ou postarão versículos diários nas mídias sociais de seus comércios, não é isso.

> **Nossa atitude deve ser como a da viúva pobre, que não ofereceu ao Senhor o que sobrava, mas deu tudo o que tinha como oferta.**

Acredito que chegou o tempo em que o Senhor está levantando homens e mulheres íntegros e cheios do

Espírito Santo para administrarem negócios com honestidade, zelando pela qualidade de vida de seus funcionários, pelo bom atendimento a seus clientes, pela regularidade no âmbito fiscal e que, além disso, revertam parte de seus lucros para ações que favoreçam e lutem pelos injustiçados e necessitados – bem como missionários que dedicam suas vidas integralmente a irem aos cantos mais remotos deste mundo para pregar a Palavra.

Excelência, justiça e generosidade devem ser a base dessas empresas. Porém, mais do que isso, seus produtos ou serviços podem refletir o Reino de Deus, isto é, fazer com que cada consumidor seja tão impactado com a qualidade e beleza oferecida que sintam algo diferente, como felicidade, satisfação, conforto e bem-estar, por exemplo. Você também pode expressar a vida de Cristo ao servir à sociedade dispondo, a um preço justo e com uma entrega de qualidade, de serviços que facilitam a vida das pessoas – ajudando a resolver problemas cotidianos e fazendo com que os indivíduos se sintam valorizados.

Imagine, ainda, a revolução que empresários do Reino poderiam gerar com a honestidade. Se todas as empresas prestadoras de serviço, por exemplo, que decidem participar de licitações negassem todo e qualquer contrato irregular ou esquema de superfaturamento, com toda certeza, o número de escândalos financeiros diminuiria e teríamos uma qualidade muito maior no que é disponibilizado à população. Nesse sentido, a Palavra diz que a desonestidade tem suas consequências:

> O dinheiro ganho com desonestidade diminuirá, mas quem o ajunta aos poucos terá cada vez mais. (Provérbios 13.11)

Diante disso, é possível perceber que, para viver o Evangelho do Reino, não é necessário nos dedicarmos exclusivamente à esfera da igreja, uma vez que todas as outras áreas da sociedade também carecem da intervenção divina. Há muita coisa para se fazer pelo Reino de Deus fora das quatro paredes da igreja. Expressar a vida de Cristo diz respeito ao alinhamento de tudo quanto fazemos à vontade do Pai. A grande questão não é se iremos pregar, lecionar, desenvolver obras artísticas ou gerir empresas, mas se estamos obedecendo ao chamado do Senhor.

Tudo quanto fazemos, se o fazemos para honrá-lO e estamos debaixo de uma palavra específica de Deus, torna-se relevante para a sociedade e, sobretudo, para o Reino. Antes de Jesus chamar Pedro para segui-lO, ele e os outros pescadores haviam passado a noite inteira tentando trabalhar, mas não conseguiram nada. Na manhã seguinte, o Mestre apareceu e o convidou para voltar ao mar e lançar as redes novamente, então a Palavra diz que: "Simão respondeu: 'Mestre, esforçamo-nos a noite inteira e não pegamos nada. Mas, porque és tu quem está dizendo isto, vou lançar as redes'" (Lucas 5.5).

Ele agiu debaixo de uma palavra do Senhor e viu o milagre. Logo depois desse episódio, Cristo o convidou para andar com Ele e disse: "[...] você será pescador de homens" (Lucas 5.10). É justamente esse o chamado disponível a todos nós, filhos de Deus, hoje: anunciarmos a vida de Cristo até que Ele venha, enquanto estabelecemos Seu Reino, que já é chegado (cf. Mateus 3.2). Um simples

> **Somos soldados sendo despertados, todos os dias, a honrar e glorificar o nome do Senhor.**

pescador se tornou "pescador de homens", assim também nós, independentemente da área em que atuarmos, trabalharemos para alcançar vidas com o Evangelho.

Um exército de oração está se levantando, e o alistamento de todo cristão não é uma opção, mas sim uma obrigação. Como uma resposta dessa convocação feita por nosso General, devemos investir nossas vidas em Sua presença, tendo nossos pensamentos alinhados aos do Pai, passando a desejar e clamar por avivamento em nossa nação e no mundo. Assim, encontramos nosso papel nesse cenário, o propósito que o Senhor planejou para as nossas vidas enquanto estivermos nesta Terra a fim de cumprirmos a Grande Comissão.

Mais do que um simples exército, somos soldados sendo despertados, todos os dias, a honrar e glorificar o nome do Senhor por meio de tudo o que fazemos. Portanto, nós nos unimos à oração de Jesus descrita em Mateus 6, tanto em palavras como em ações, uma vez que reconhecemos não haver maneira melhor para vivermos se não prostrados na presença do Senhor. Portanto, como um batalhão celestial, rendemo-nos à vontade do Pai e nos comprometemos a trazer Seu Reino para este mundo todos os dias, custe o que custar.

ORE COMIGO

[...] Pai nosso, que estás nos céus! Santificado seja o teu nome. Venha o teu Reino; seja feita a tua vontade, assim na terra como no céu. Dá-nos hoje o nosso pão de cada dia. Perdoa as nossas dívidas, assim como perdoamos aos nossos devedores. E não nos deixes cair em tentação, mas livra-nos do mal, porque teu é o Reino, o poder e a glória para sempre. Amém. (Mateus 6.9-13)

ANOTAÇÕES

Este livro foi produzido em Adobe Garamond Pro 12 e
impresso pela Gráfica Promove sobre papel Pólen Soft 70g
para a Editora Quatro Ventos em agosto de 2020.